W0234288

WWWWW
WAHRE WORTE WEISER WIRTE

INHALT

WWWW
WAHRE WORTE WEISER WIRTE

EINE HOMMAGE AN HELDEN DER NACHT

AUS DER BUCHREIHE „HELFER IM ALLTAG"
ERSCHIENEN IM JUNIUS VERLAG

„DER WIRT IST ALLES. EINFACH ALLES."

ROSIE SAMAC, HOLSTENSCHWEMME

DENK MAL AN ROSIE? DENKMAL FÜR ROSIE!

EINE VERNEIGUNG VOR EINEM UNTERSCHÄTZTEN BERUFSSTAND.

Als wir im Sommer 09 zu einer Odyssee durch Hamburger Kneipen, Bars, Clubs, Restaurants und Hotels aufbrechen, haben wir eine klare Mission: Wir wollen die erste und einzige Hommage an den unterschätzten Berufsstand der Gastronomen an den Start bringen. Absolut parteiisch. Ohne jede Distanz. Vollgestopft mit O-Tönen, die das Leben auf der anderen Seite des Tresens schreibt. Neun Monate später kann man mit Fug und Recht behaupten: Hätten wir statt der 144 bedruckten Seiten 444 zur Verfügung, könnten wir sie problemlos füllen. Denn wo uns unser Gesprächsmarathon auch hinführte, trafen wir auf würdige Protagonisten für das Projekt WAHRE WORTE WEISER WIRTE. Und das kommt nicht von ungefähr. Denn wer heute als Wirt überleben will, muss viel mehr sein als ein guter Bierzapfer oder Cocktail-Mixer. Sehr viel mehr. Eine multiple Persönlichkeit geradezu, da man von den Gästen und den Umständen in die unterschiedlichsten Rollen gedrängt wird. Da ist man dann ganz schnell nicht nur Wirt, sondern auch Betriebswirt, Betreuer, Booker, Briefeschreiber, Choreograf, Einkäufer, Entertainer, Gastgeber, Kindermädchen, Klempner, Kommunikator, Kummerkasten, Kümmerer, Kuppler, Mädchen für alles, Manager, Mutter der Nation, Organisator, Psychologe, Ratgeber, Rechtsberater, seelischer Mülleimer, Shuttleservicebetreiber, Sozialstation, Streitschlichter, Tröster, Tresentherapeut, Verkäufer, Zuhörer und vieles mehr. Oder wie Rosie so treffend sagt: „Der Wirt ist alles. Einfach alles." Und vor allem, das sei von unserer Seite mit Respekt hinzugefügt: Sehr viele Wirte von heute sind echte soziale Kraftwerke, die neben ihrer eigentlichen Tätigkeit mehr für unser Zusammenleben tun als viele, die dafür üppig bezahlt werden. Kehren wir noch mal an den Tresen zurück. Hier kann man sich sein ganzes Getue abschminken. Weil solche wie Rosie oder unsere anderen Protagonisten uns durchschauen, bevor wir auch nur ein Wort abgelassen haben. Sie wissen, merken, fühlen, scannen, wie ihr Gegenüber so drauf ist. Ob es Abregung braucht oder Anregung. Schneckenhaus oder Bühne. Spaß, Rat oder Streit. Und sie haben in ihrem Repertoire neben ihren spontanen Reaktionen Standards für alle Fälle. Geboren aus Respekt vor dem Gast, aus Erfahrung und aus einem Berufsethos, das sie zu nichts weniger macht als zu völlig unverzichtbaren alltäglichen Helfern. Hut ab! Ihr seid sehr oft so, wie euch eure Gäste gerade brauchen. Genau jetzt. In dieser Sekunde. Nach diesem Tag. In diesem Zustand. Was wären wir schon ohne den Wirt unseres Vertrauens? In diesem Sinne präsentieren wir an dieser Stelle Helden der Nacht, frei nach dem Motto: Denk mal an Rosie? Quatsch!!! Denkmal für Rosie!

VON ULLI MÜLLER

NACHTSCHICHT

DER FOTOGRAF BENNE OCHS
SAMMELT SPUREN VON HELDEN DER NACHT.
EINE BILDERSTRECKE.

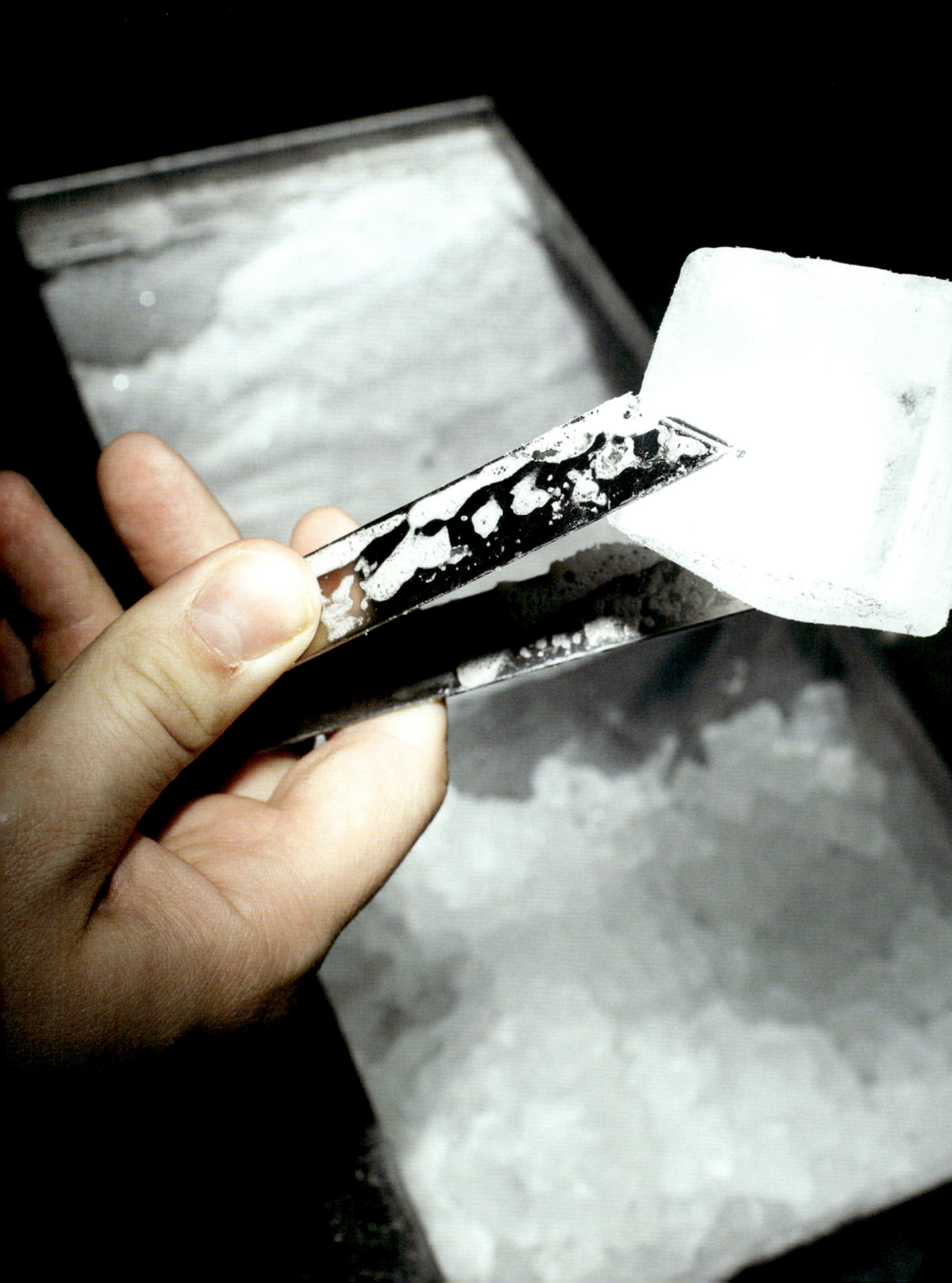

WAHRE WORTE
21 WEISE WIRTE IM PORTRÄT

INTERVIEWS: ULLI MÜLLER
FOTOS: BENNE OCHS

„WIR HABEN DAS TALENT, TALENTFREI DURCH'S LEBEN ZU KOMMEN."

DIE BRÜDER **JÖRN** UND **SASCHA NÜRNBERG** AUS DEM <u>GOLDENEN HANDSCHUH</u>
ÜBER DIE VORAUSSETZUNGEN FÜR EIN GLÜCKLICHES LEBEN ALS WIRT AUF DEM HAMBURGER BERG.

Nur
Hier !!!

Gift !
Super lecker
(Wodka, waldmeister)

2 cl. Nur 1,50

DIE BRÜDER **JÖRN** UND **SASCHA NÜRNBERG**
BETREIBEN MIT DEM GOLDENEN HANDSCHUH
EINE DER LETZTEN ECHTEN KIEZKNEIPEN. UND DAS
SEIT MEHR ALS 25 JAHREN. DER LADEN IST
365 TAGE IM JAHR 24 STUNDEN LANG GEÖFFNET.
SEIT 1953 HAT ER SEIN ZUHAUSE AUF DEM
HAMBURGER BERG, IM HERZEN VON SANKT PAULI.
NAMENSGEBER IST DER GROSSVATER HERBERT NÜRNBERG,
EINE BOXER-LEGENDE, DIE IN DEN DREISSIGERN
ZWEI MAL DIE INOFFIZIELLE WELTMEISTERSCHAFT
DER AMATEUR-BOXER GEWONNEN HATTE:
DIE GOLDEN GLOVES.

ULLI MÜLLER: Viele Wirte sind Kneipenkinder. Ihr beiden könnt euch mit Fug und Recht als Kneipenenkel bezeichnen. Denn ihr führt hier das Erbe von Großvater und Vater weiter. Was war an eurem Großvater eigentlich so besonders?

SASCHA: Mein Opa hatte wohl ein von Gott gegebenes Talent mitbekommen. Er war trainingsfaul, aber dabei so ein talentierter Boxer, dass die Trainer und Profis gesehen haben, dass man bei dem ab und zu mal eine Drei gerade sein lassen musste. Zu regelmäßigen Trainingseinheiten musste er getreten werden. Und gesumpft hat er auch. Wahrscheinlich hätte er sonst noch ganz woanders stehen können.

JÖRN: Wenn es keine Kneipen gegeben hätte, dann hätte der die erfunden.

U. M.: Und in den Fünfzigern hat dieser Mann dann den GOLDENEN HANDSCHUH aufgemacht und hinter dem Tresen gestanden?

JÖRN: Die ersten sieben Jahre hat er hier am Stück gearbeitet. Mit unserem Vater.

U. M.: Nun sagt man ja: Unter einer starken Eiche wächst keine gleiche.

SASCHA: Das Schicksal hatte eher unser Vater zu tragen. Wir hatten ja einen menschlich sehr präsent-dominanten Großvater. Und das hatte unser Vater am Anfang immer auszubaden. Mein Opa ist einfach hinter den Tresen gegangen – und der Laden war mit einem Fingerschnippen voll. Durch diesen Promistatus. Und durch seine Menschlichkeit, die er ausgestrahlt hat. Dann hat mein Vater seine Schicht übernommen. Und es hat zwei Minuten gedauert: „Bezahlen! Bezahlen! Bezahlen!" Und der Laden war leer. Und er hat da gestanden als Sohn von dem großen Herbert Nürnberg zur damaligen Zeit.

JÖRN: Das war bestimmt frustrierend. Aber er hat ihn dadurch wiederum aus der Reserve gelockt.

SASCHA: Vater ist dann halt extrem ehrgeizig geworden. Wie lange ist er hier gestanden? Insgesamt 35 Jahre hinter dem Tresen, selber? Der war gastronomisch schwer in action und immer selber am Ball. Hätte es eigentlich nicht gemusst. Aber der Tresen war seine Welt. Das war sein Ding. Der kann unterhalten wie ein Geschichtenerzähler aus Tausendundeiner Nacht.

JÖRN: Der hat absoluten Unterhaltungswert. Das ist so ein Gastronom, wie er passt. Ein Gastronom, der passt, ist einer, der sich selber gerne unterhält, mit Menschen umgibt und auch zu erzählen weiß. Das hat der alles. Wir haben auch immer gesagt: „Hinter'm Tresen, das sind für ihn die Bretter, die die Welt bedeuten."

„WENN ES KEINE KNEIPEN GEGEBEN HÄTTE, HÄTTE DER DIE ERFUNDEN."

U. M.: Ihr habt also vieles, was man können muss, um eine Kiezkneipe 365 Tage im Jahr 24 Stunden lang erfolgreich zu führen, von der Familie gelernt.

JÖRN: Wir haben viel mitgekriegt, aber das Leben lehrt dich ja auch immer wieder. Das kommt im richtigen Moment und holt dich wieder auf den Teppich. Das ist auch gut so. Keiner geht durch's Leben …

U. M.: … immer nur auf Wolke 7.

JÖRN: Das gibt es nicht. Keiner. Davon bin ich hundertprozentig überzeugt. Zumal du das jeden Tag neu beweisen musst hier. Das ist manchmal schon eine lustige Nummer, ganz ehrlich. Da kannst du dir keine Schwächen erlauben. Mein Bruder arbeitet zum Beispiel immer bis morgens um vier, und ich hab dann morgens um vier angefangen. Wenn du da reinkommst, dann ist die Bude voll …

SASCHA: … die Leute auch alle …

JÖRN: … dich begrüßen 25 verschiedene Leute und du kommst gerade aus'm Bett. Noch nicht mal einen Kaffee im Kopp. Und dann erst mal durch und dann nach unten. Und dann hab ich meistens einen Kaffee getrunken und dann hoch hinter'n Tresen. Und dann hast du das manchmal, dass so Viertel nach vier, halb fünf jemand sagt: „Hallo Jörn, bist du heute nicht so gut drauf?" Und dann dauert das höchstens eine Stunde, und die Bude ist leer. Weil du einfach nicht mit denen mitgehst. Also, was hast du

„DU MUSST DIE LEUTE MIT-EINANDER VERHEIRATEN."

gemacht? Hast dir drei, vier, fünf Wodka reingehauen und dann hast du die Sprache gesprochen, die sie sprechen. Weil die hatten ja schon acht Stunden Vorsprung, oder zehn.

SASCHA: Einen Laden zu bewirten, der voll ist, das kann so ziemlich jeder. Aber einen Laden, der leer ist, in Gang zu bringen, das muss man können. An der einen Ecke sitzt einer, an der anderen Ecke ein anderer. Da hat mein Vater schlauerweise gesagt, du musst die Leute miteinander verheiraten. Fangt irgendein Gespräch an, bittet vielleicht den anderen dazu, und so entstehen echt geile Runden. Und jeder fühlt sich aufgerufen, mal 'ne Runde reinzustreuen. In erster Linie ist es ja nun mal, dass wir Geld verdienen wollen …

JÖRN: … und die wollen unterhalten werden und ein bisschen was erleben.

SASCHA: Und man muss den Leuten schon vermitteln, dass sie willkommen sind. Das ist das Alleralleralerwichtigste. Man verkauft ja auch ein Stück weit Illusionen. Ich hab hier Leute, die sind wahrscheinlich jedes zweite, dritte Wochenende hier. Die umarmen mich, als wenn ich der allerbeste Freund bin. Das erwidere ich natürlich und mach auch auf euphorisch: „Mensch, Klasse, schön, dass du da bist!" Und überleg dann: „Wer war das denn bitte?"

U. M.: Und was treibt euch nun seit Jahrzehnten an, das Tag für Tag zu wiederholen?

SASCHA: Das Geschäft macht definitiv Spaß. Wir haben uns vor einigen Jahren einige Immobilien kaufen müssen, weil das hier alles ein bisschen spekulativ wurde. Die wollten das verheizen. Hier sollte alles weg und neu. Und unkoschere Vermieter wollten wir nicht haben und dann haben wir gesagt, dann machen wir das selber. Also sind wir ins kalte Wasser gesprungen. Zu der Zeit haben wir uns gastronomisch ein bisschen zurückgezogen, um uns auf die Sache zu konzentrieren. Mir hat der Tresen so gefallen, ohne Ende. Ohne Ende.

JÖRN: Dafür sind wir auch zu sehr mit dem Ganzen verwachsen. So was gibst du nicht mehr her. Man lebt ja nicht nur davon, da hängt auch Herzblut dran. Nimm allein mal die Geschichte, die du hattest mit den beiden, Sascha.

SASCHA: Ach, die ist ja so fantastisch. Ich hatte hier einen Stammgast, Uwe. Uwe hatte ich 'ne ganze Weile nicht gesehen. Ich sag: „Uwe, wo warst du?" „Ja, du kennst ja noch meine Frau, die hat mit meinem Nachbarn rumgemacht, die hab ich in flagranti erwischt. Dann gab's 'ne Handgreiflichkeit, hat der mir ein Messer in Bauch geknallt. Guck dir mal meine Narbe an." Und ich sag: „Na, wie geht's dir jetzt?" „Eigentlich geht's mir ganz gut. Gib mir mal ein kaltes Bier." Dann kommt der nächste rein und stellt sich daneben. Fast die gleiche Nummer, ich sag: „Mensch, dich hab ich ja lange nicht gesehen." „Ja. Ich war im Gefängnis, ich hatte jemanden abgestochen." Ich sag: „Bitte?" „Ja, ich hatte mal jemanden abgestochen." Der Uwe guckt ihn an: „Bist du …???" „Jaja, bin ich." „Du hast mir damals das Messer reingerammt." Also die waren jahrelang nicht in diesem Laden und treffen sich dann zufällig zur gleichen Zeit bei mir am Tresen! Ich dachte, die Szene wäre inszeniert gewesen. Aber das kann man sich gar nicht ausdenken, so eine Geschichte. Ich sag: „Das ist doch nicht wahr!" Und dann haben sie Shakehands gemacht, haben sie ein Bierchen zusammen getrunken, und die Sache war erledigt.

„DER SCHRITT NACH UNTEN GEHT GANZ SCHNELL."

U. M.: Lasst mich noch mal auf was anderes zurückkommen. Boxen, Kiez und Kneipen, das gehört schon immer eng zusammen. Aber nur wenige kommen heil dabei raus.

JÖRN: Ich glaube, immer wenn du erfolgreich bist, musst du charakterstark sein. Der Weg nach oben, das ist die eine Geschichte. Aber wenn du oben bist und die Leute fangen an, zu dir aufzugucken, dich zu hofieren, dir vieles leicht zu machen, dann kommst du in Situationen, wo du denkst, was kann mir denn noch passieren. Es können mich ja eigentlich alle am Arsch lecken, auf Deutsch gesagt. Es ist aber nicht so. Da macht man sich selber ganz schnell was vor. Denn der Schritt nach unten, der geht nachher ganz schnell wieder.

U. M.: Nun hat man als Wirt ja ganz schön viele verschiedene Jobs …

SASCHA: Also Heiratsvermittler, Ringrichter, Schlichter, Kummerkasten …

JÖRN: … Kindermädchen …

SASCHA: … ja, Kindermädchen für alles.

JÖRN: Er macht ja auch manchmal Kindermädchen, wenn er die Leute zur Arbeit schickt und auf die aufpasst.

SASCHA: Leute zur Arbeit schicken. Oder auch sagen: „Iss mal was zwischendurch, du stehst hier seit zehn Stunden und haust dir ein Bier nach dem anderen rein. Wie wär's denn mal mit

„DU MUSST 24 STUNDEN AUF STAND-BY STEHEN."

ein bisschen was zu essen?" „Jaja, hast ja recht. Ich geh mal 'n Happen essen." Man mag die ja, man mag die ja wirklich.

U. M.: **Das strahlt ihr zwei auch aus.**

SASCHA: Weil es Laune macht. Das kannst du auch nicht als Fake verkaufen. Es gibt auch Momente, wo ich unten im Büro sitz und Stress hatte. Wo ich dann hochkomme, hier im Gang kurz stehen bleib, einmal durchatme, mein künstliches Grinsen aufsetze und denke: „Jetzt gehst du hinter'n Tresen, und dir wird keiner was anmerken, dass du gerade Hardcore-Stress hattest." Dann geh ich hinter'n Tresen, und die Leute sagen: „Sascha, was ist los mit dir? Du hast immer gute Laune! Nimmst du Drogen oder was?" Mit Drogen habe ich nun gar nichts zu tun. Es kann sein, dass ich mir einen reingieß, aber die unterstellen mir alle, ich wär auf Drogen, weil ich eigentlich immer gut drauf bin. Eben weil ich Bock auf den Job hab.

U. M.: **Ihr habt ja nun auch ganz schön viel Erfolg.**

JÖRN: Und viele, viele Neider. Das sieht man an unseren Autos manchmal.

SASCHA: Zum Beispiel. Unsere Autos sehen immer herrlich aus, die können wir einmal im Monat neu lackieren lassen. Und die Sprüche als solche. Mein Bruder und ich, wir betreiben wie gesagt hier die Gaststätte. Ich bin aktiv noch hinter'm Tresen, mein Bruder hat die ganzen Immobilien unter sich. Wir sagen mal, dass wir mindestens eine Fünfzig- bis Sechzig-Stunden Woche haben. Wir sind am Wochenende hier. Es kommen zwischendurch Anrufe: „Du, die Eismaschine geht nicht." „Du, Musicbox geht nicht." „Du, der und der ist krank. Wir können die Ablösung nicht machen." Morgens um sieben klingelt es bei mir an der Tür: „Du, im Laden ist Stress. Komm mal eben runter." Das heißt: Sieben Tage die Woche 24 Stunden Stand-by stehen. Wir sind also immer da für die Läden. Immer, immer, immer, immer. Und wenn man sich dann mal was gönnt, dann gibt's trotzdem viele Leute, die sagen: „Ach, die Großkotze, die Schnösel schon wieder, was machen die? Jetzt schon wieder ein neues Auto?" Man muss sich immer rechtfertigen. Man muss hier den Ball flachhalten.

JÖRN: Dabei steckt letztendlich knallharte Arbeit dahinter. Zumal wir beide ja festgestellt haben, dass wir im Grunde genommen ziemlich talentfrei sind.

SASCHA: Jeder Mensch kriegt ja irgendein Talent mit. Es gibt Leute, die können singen. Es gibt Leute, die können tanzen. Es gibt Leute, die können …

JÖRN: … schreiben. Oder handwerken oder so. Ich hab zwei linke Hände. Wenn ich einen Nagel in die Wand schlag, ist da ein Loch drinnen.

SASCHA: Wir haben das Talent, talentfrei durch's Leben zu kommen. Handwerken geht nicht, am Auto rumschrauben geht nicht, wir können eigentlich gar nichts. Außer talentfrei durch's Leben kommen. Entertainen hinter'm Tresen, das ist vielleicht das Einzige, was ein bisschen geht.

JÖRN: „Let me entertain you." ●

„WENN ES HART AUF HART KOMMT, BIN ICH DREI METER GROSS."

ROSIE SAMAC ÜBER IHRE DURCHSETZUNGSKRAFT,
WENN ES UM DAS WOHL IHRER STAMMGÄSTE IN DER HOLSTENSCHWEMME GEHT.

FÜR DIE SCHWACHEN AUS SANKT PAULI GIBT ES DIE HEILSARMEE, DAS HAUS BETHLEHEM, DAS CAFÉ MIT HERZ – UND **ROSIE SAMAC** VON DER HOLSTENSCHWEMME. DIESE SOZIALSTATION MIT TRESEN STEHT DA WIE EIN RELIKT AUS DER GUTEN ALTEN ZEIT, ALS DER STADTTEIL NOCH NICHT IN DIE HÄNDE VON IMMOBILIENHAIEN GEFALLEN WAR. SIE LIEGT NUR WENIGE HUNDERT METER VON DER REEPERBAHN ENTFERNT – UND WIRKT DOCH WIE VON EINEM ANDEREN STERN.

ULLI MÜLLER: **Wir sind durch den Film Empire St. Pauli auf dich und deine HOLSTEN-SCHWEMME aufmerksam geworden. Zum Glück konntet ihr nach der Kündigung der alten Räume ja fünfzig Meter weiter oben die HOLSTENSCHWEMME neu aufmachen. Ist für dich damit wieder alles im Lot?**

ROSI: Ich arbeite im Moment nicht mehr so viel. Ich hab gesagt: „Nee, ich muss mal Pause machen." Über dreißig Jahre stehe ich hinter'm Tresen, jetzt muss ich mal ein bisschen Pause machen. Aber man muss ja trotzdem immer präsent sein.

U. M.: **Das heißt: Du hältst hier „nur noch" deine Sprechstunde?**

ROSI: Jaa, jaa, das geht wirklich so. Die rufen mich auch an, und dann komm ich runter. Und dann wird das hier durchdiskutiert, was wir machen. Es wird alles durchgekaut, wenn sie private Sorgen haben. Ich kenn die ganzen Sozialämter hier in Hamburg, wenn ich mit den Leuten losfahre. Oder sie haben Probleme, dann kommen sie mit ihrem Brief an. „Rosi, was ist das? Ich verstehe das nicht." Ich mach das ja schon jahrelang. Gestern hatte ich gerade wieder einen Fall hier sitzen. Sie will sich scheiden lassen, ist aber schon eine ältere Dame und hat jetzt einen Brief vom Anwalt gekriegt. Dann hab ich gesagt: „So, ich mach jetzt einen Termin und fahr mit dir zum Anwalt hin!" Weil sie gar nichts versteht. Das sind so Sachen, die sich hier abspielen. Und das mach ich nebenbei. Und ich mach das gerne. Weil ich diese ganze Materie kenne, Wohnung verlieren, Gerichtsvollzieher, das hab ich alles selbst in jungen Jahren erlebt und deshalb weiß ich genau, was das heißt.

„SIGGI, NUR ZEHN BIER AM TAG, HÖCHSTENS."

U. M.: **Und warum gehen sie nicht zu einem Sozialarbeiter?**

ROSI: Weil die sagen: „Rosi kennt uns. Rosi weiß alles über uns." Und da können sie sich dann auch ein bisschen mehr öffnen. Wie viele Miete-Zahler ich schon gehabt hab, die über mein Konto laufen, wo ich die Miete einzahle, wo ich dann dastehe am Ersten und aufpasse: „Hier, hallo, Miete!"

U. M.: **Aufpassen, dass das Geld da ist?**

ROSI: Ja. Sonst bleibt das alles in der Kneipe. Wenn ich jetzt ganz abgebrüht wäre, würde ich sagen: „Pfff, was interessiert mich das, lass sie das doch hier versaufen." Aber in einer

Stammkneipe kannst du die Gäste nicht ausziehen, auf Deutsch gesagt, da musst du auch für die Gäste da sein. Nimm zum Beispiel mal unseren blinden Siggi, den betreue ich auch so nebenbei noch. Denn den kann man nicht alleine lassen. Der kriegt zwar eine gute Rente. Aber das würde alles hier bleiben, wenn ich nicht sagen würde: „Siggi, nur zehn Bier am Tag. Höchstens!" Weil er schon ein kleiner Alkoholiker ist. Ich sag: „Mehr gibt's nicht." Sonst würde er jeden Tag seine dreißig Bier trinken. Bei Siggi hab ich auch eine Kontovollmacht, falls ihm mal was passiert. Weil sonst, wenn er das Geld in der Hand hat, dann geht das in den Automaten rein, und

„DER WIRT IST ALLES."

dann macht er hier den Freier, und nach einer Woche ist die ganze Rente weg. Total weg.

U. M.: **Dann übernimmst du als Wirtin also überlebenswichtige Funktionen.**

ROSI: Ja, natürlich. Sehr wichtige. Ein Wirt ist genau wie ein Sozialarbeiter, wie ein Seelenklempner. Der Wirt ist alles. Alles. Wenn sie Probleme zu Hause haben, da gehen sie ja nicht mit zur Sozialstation.

U. M.: **Und was würdest du in dieser Hinsicht in der Rückschau bis jetzt als deinen größten Erfolg bezeichnen?**

ROSI: Dass ich einige Leute vor der Wohnungslosigkeit bewahrt habe. Oder dass ich ihre Rechte wahrnehme, wenn sie Geld zu kriegen haben. Wo das mal wieder gesperrt ist, aus nichtigen Gründen oder gar nicht gerechtfertigt. Das sind schon so Sachen, wo ich mich einsetze, wo ich mich auch manchmal drüber aufregen kann, wenn das ungerechtfertigt ist und die Leute dastehen und gar nicht wissen, was los ist. Ich kann heute verstehen, dass so viele Menschen auf der Straße sind. Denn viele geben auf, weil sie durch diese Bürokratie gar nicht mehr durchkommen. Und nicht jeder hat dieses Durchsetzungsvermögen. Die sagen dann: „Ach, lasst mich alle in Ruhe, ich hab keine Lust mehr, ich lass das jetzt so laufen, wie es ist."

U. M.: **Und dann kommt Rosie und macht sich gerade.**

ROSI: Wenn es hart auf hart kommt, dann geht's auch zur Sache. Dann bin ich drei Meter groß. Nützt ja nichts. Ja, dann muss man sich auch durchsetzen können.

U. M.: **Bist du eigentlich davon ausgegangen, als du angefangen hast hier, als Chefin, dass du das alles machen würdest?**

ROSI: Ja, also Gastronomie, sag ich immer, bin ich für geboren.

U. M.: **Aber bist du auch davon ausgegangen, dass du all die Sachen für deine Gäste machen müsstest?**

ROSI: Jein muss ich sagen. Ich habe vorher schon gearbeitet in der Gastronomie. Und das war auch damals schon so, dass sie immer mich gefragt haben. Da hat sich so eine Art Helfer-Syndrom entwickelt. Das war bei mir mal ganz stark ausgeprägt. Es wurde immer mehr und immer mehr, alle wussten: Ach, bei Rosie … dass ich das selber gar nicht mehr gemerkt hab. Das merkt man nachher gar nicht mehr, das ist schon so selbstverständlich, dass man das macht. „Ja, mach ich." Wir sind ja bis nach Bergedorf gefahren und haben auf den Sozialämtern vor der Tür gesessen und die Leute abgefangen. Also da könnte ich die urigsten Dinger erzählen.

U. M.: **Mach mal.**

ROSI: Ja, da haben wir mal einen gehabt, einen Vater mit seiner Tochter, die war taubstumm und hatte einen Zigeuner geheiratet, in Lohbrügge. Offiziell war er mit ihr verheiratet, aber er hatte eine andere Frau mit Kindern – und sie musste immer vor'm Bett schlafen, und er schlief im Bett, mit dem Kind. Und dann wollte sie immer weg von ihm. Da hab ich gesagt: „Gut Alvin, komm, machen wir. Wir holen sie da weg." Dann haben wir sie da weggeholt und dann sollte sie ins Frauenhaus. Und sie ging ins Frauenhaus, und wir sind auf dem Sozialamt und haben das alles geklärt, alles geregelt da in Bergedorf und so. Mit einem Mal war sie dann weg aus'm Frauenhaus. Wir wussten gar nicht, wo sie war. Die konnte doch nicht zu dem zurückgegangen sein, das kann doch wohl nicht wahr sein. Und dann haben wir gesagt, ja gut, am Ersten wissen wir das, weil sie musste am Ersten vorstellig werden in Bergedorf. Nun wussten wir ja nicht, ob er sie einfach wieder gecatcht hatte, weil das um seinen Status ging, oder ob sie freiwillig gegangen war. So, und dann haben wir uns in Bergedorf da hingesetzt morgens im Auto, und da konnte man sehen: BMW, Mercedes und immer die Frauen raus. Und wir saßen da in unseren alten klapprigen Autos. Mit einem Mal kommen die beiden da an, er und sie. Als sie oben im Flur war, haben wir sie

„UND DA HAB ICH GESAGT: SO, JETZT IST SCHLUSS."

runtergelockt, und dann haben wir gesagt: „Was ist los?" „Ja", sagt sie, „er hat mir 'ne Kette gekauft und Ohrringe, und deshalb bin ich wieder zurückgegangen." Und da hab ich gesagt, so jetzt ist Schluss, jetzt soll sie verrecken bei ihm oder sonst was, mir egal. Das war so ein Ding, wo ich gesagt habe, so jetzt ist aber gut, das tust du dir nicht mehr an. Das hat mich so ein bisschen auf den Boden der Tatsachen zurückgeholt. Und seitdem differenziere ich schon, was ich mache und was ich nicht mache. Und ich spring auch nicht mehr sofort an, wenn einer mal Probleme hat.

U. M.: **Apropos Probleme. Du hast mir von einer rätselhaften Todesserie erzählt vorhin.**

ROSI: Wir haben einen gehabt, der ist vom Hocker gefallen, der hat oben im Haus hier auch in der Schwemme gewohnt, drei Monate später war er tot. Dann haben wir eine Frau gehabt, die ist auch mit einem Hocker rückwärts auf den Tisch geknallt mit dem Kopf, und kurz darauf war Schlagermove. Da ist sie noch mal vom Wagen gefallen, so auf den Kopf. Bisschen später war sie auch tot.

U. M.: **Mannomann.**

ROSI: Dann haben wir die kleine Gisela gehabt, die ging bei uns raus aus dem Laden, geht über die Straße, trifft den Kantstein nicht und fällt rückwärts – das Knallen hab ich bis in den Laden gehört. Dann kam ein Autofahrer hoch, der hat sie dann noch hochgehoben, die war auch – ich glaube, vier oder fünf Monate später war sie tot. Manni auch, der war sechs Wochen später tot. Der ist vorne am Tresen mit dem Kopf so rausgeknallt, dann ist er runtergefallen, der war auch – sechs Wochen später saß er im Sessel und war tot. Der, der, der, der, die sind alle kurz danach gestorben. Hat wahrscheinlich nichts miteinander zu tun, aber das bildet man sich dann ein, ne?

„MACH DU MAL DIE MATERIALIEN KLAR. DEN REST MACHEN WIR."

U. M.: Das ist aber echt makaber. Erzähl jetzt doch bitte nach all den traurigen Stories noch mal von deinem schönsten Erlebnis hier in der Schwemme.

ROSI: Das Schönste ist, dass meine Gäste so zu mir halten und dass sie den Laden hier wieder aufgebaut haben. Das ist das schönste Erlebnis, was einem überhaupt passieren kann.

U. M.: Alle helfen Rosie, weil Rosie allen hilft.

ROSI: Genau. Wir wussten immer, dass dieser Laden schon lange leer war. Aber wir wussten auch, dass er sehr teuer war. Und dann haben sie mich doch immer gedrängt und gesagt: „Ruf doch mal an, ruf doch mal an, ruf doch mal an." Und dann haben wir uns die Telefonnummer geholt und angerufen. Und während wir den alten Laden noch ausgeräumt haben, war der neue Besitzer schon da. Und dann sagte er: „Was wollen Sie denn zahlen, was denken Sie denn, was zahlen Sie hier?" Und dann hab ich ihm das gesagt, was ich zahlen kann! „Kriegen wir hin", sagt er. Ist er um 700 runtergegangen. Ja, und dann haben wir gleich nächsten Tag den Mietvertrag gemacht. Ohne dass er wusste, ob ich überhaupt Bonität hab oder was. „Nee", sagte er, „machen wir gleich." Dann hat er mir noch für Dezember die Miete geschenkt, weil ich zum 1.12. gemietet hab, und nun wusste ich nicht, wenn ein Laden so lange leer ist, der muss ganz neu konzessioniert werden. Ja, und dann ging das los hier. Alle waren wieder da. Und haben den Laden hier aufgebaut. Ich wollte eigentlich nicht mehr. Ich hab gesagt: „Nee, das ist mir zu viel, das ist mir zu viel Aufwand." Ich sag: „Ich bin 62, ich bin keine 20 mehr, ich kann mich nicht groß in Schulden stürzen." „Nö", sagten sie, „wir machen das schon. Mach du mal die Materialien klar, Arbeit machen wir." Dann haben die den Laden aufgebaut. Immer war einer da. Der eine ist Klempner, der hat die ganzen Wasserleitungen gemacht, Toiletten unten alles, und einer hat Elektrik gemacht, Ernie hat mitgemacht, also so viele Gäste hier. Meine eine Bedienung hat den Tresen gebaut, der ist Zimmermann.

U. M.: Das war bestimmt ein erhabenes Gefühl.

ROSI: Ja, jetzt ja. Sag ich ja auch immer, also das ist nicht mein Verdienst, nee, ich war nur der Manager, der Organisator gewesen, und ihr habt das gemacht. Ich mein, das ist das Einzige, was mir immer ein bisschen liegt, das Managen. Und organisieren, ja das kann ich. Und meine Rechenmaschine funktioniert gut. Wir sagen immer, wenn ich zusammenrechne, ich rechne schneller wie 'ne Rechenmaschine.

U. M.: Womit ich bei meiner letzten Frage bin: Kommt bei deinem ganzen Engagement und einem Bierpreis von 1,50 das Geschäft nicht zu kurz?

ROSI: Ich sag mal, Millionär werde ich sowieso nicht mehr. Und sonst bin ich zwar gut, aber zu gut auch nicht. Immer so an der Grenze. Ich bin gut, aber nicht blöd. ●

„ICH BIN ZWAR GUT, ABER NICHT BLÖD!"

„WENN DU HINTER'M TRESEN STEHST, BIST DU DER BIOLOGISCH ÜBERLEGENSTE IM GANZEN LADEN."

JURIJ KLAUSS AUS DER <u>EGAL BAR</u> ÜBER DIE ANZIEHUNGSKRAFT NÜCHTERNER BARKEEPER IN EINER BAR VOLLER BETRUNKENER MÄNNER.

JURIJ KLAUSS IST NACH VIERZEHN JAHREN ALS INHABER UND BETREIBER DER HAMBURGER ALTERNATIV-KNEIPE MIT DEM PROGRAMMATISCHEN NAMEN <u>EGAL BAR</u> BEREITS EIN WAHRER TRESEN-VETERAN. AUF UNSERER SUCHE NACH WEISEN WIRTEN WURDE ER UNS VON GANZ VERSCHIEDENEN MENSCHEN ANS HERZ GELEGT. NUR NICHT VON SEINEN DIREKTEN NACHBARN, WEIL DIE ES GERN RUHIGER HÄTTEN IN HAMBURGS KLEIN-AMSTERDAM.

<u>JURIJ:</u> Na ja, ich hab die EGAL BAR mit einem Freund 1994 gegründet. So als Ersatz für mein Studium, weil das einfach zu langweilig war. Auf der Suche nach einer Kneipe haben wir einfach das „Abendblatt" aufgeschlagen und geguckt, was es so gibt. Kiez kam für uns nicht in Frage, weil das damals schon zu hart und auch zu teuer war. Und das Karoviertel kannten wir eigentlich schon. Wir kannten es vor allen Dingen daher, weil wir hier immer unser Dope gekauft haben. Und unsere Schuhe. Und den Döner. Drei Sachen. Dope, Schuhe, Döner. Ja,

„DOPE, SCHUHE, DÖNER."

und dann haben wir den Laden übernommen. Am Anfang hat uns keiner wirklich eine Chance hier im Karoviertel gegeben, weil die Zeit hier auch hart war. Es gab viel Gewalt hier, manche sprechen auch von Schutzgeld …

<u>ULLI MÜLLER:</u> **Das ist hier ja ein Ort mit langer Tradition, früher mal eine typische Eckkneipe für Leute aus der Nachbarschaft …**

<u>JURIJ:</u> Die haben hier früher ihre Lohntüte hingetragen. Ich hab die alten Buchhaltungsunterlagen von dem Vorvorvorbesitzer irgendwo im Keller gefunden. Die Leute aus'm Schlachthof müssen ihren ganzen Lohn hierhergetragen haben. Und die haben damals ganz gut verdient, glaube ich.

<u>U. M.:</u> **Und ein, zwei Generationen später habt ihr daraus *die* Hamburger Alternativ-Bar gemacht. Wart ihr am Anfang eigentlich Punks?**

<u>JURIJ:</u> Nö. Also, ich selbst komm aus dem Bildungsbürgertum. Ganz normal. Wir waren Normalos. Schon ein bisschen alternativ, sind immer in die Flora gegangen und auch mitmarschiert bei den Demos. Aber jetzt keine Kapuzenträger, wir waren schon normal.

<u>U. M.:</u> **Und was war das Konzept?**

<u>JURIJ:</u> Das haben wir offengelassen. Wir haben einfach mal angefangen. Wir haben dann hier einen Plattenspieler hingestellt, einen, und dann haben wir mal geguckt, was passiert. Also trial & error. Dann haben wir uns schnell einen Kicker angeschafft, weil wir gemerkt haben, dass Jungs kickern müssen. Die können nicht beim Bier sitzen und nur nichtstun. Ja, und dann haben wir so ein grünes Buch entwickelt, da kann sich jeder eintragen, der Musik machen will. Keine Kontrolle, aber auch keine Gage. Und das geht bis heute. Also man weiß nicht, wer auflegt, man kennt nur die Telefonnummer und den Namen, mehr nicht.

<u>U. M.:</u> **Und das wird genutzt?**

<u>JURIJ:</u> Ja, ja. 365 Tage im Jahr.

<u>U. M.:</u> **Und so ergibt sich jetzt auch das Publikum.**

<u>JURIJ:</u> Ja, es ist durchmischt. Also ein paar Alternative, welche aus der Nachbarschaft, aber

auch Werber kommen hier rein. Die finden das dann heute so schön authentisch. Also vor ein paar Jahren war das irgendwie abgewrackt, aber heute schon wieder cool, weil es so was sonst nicht mehr gibt, wo alles so durchsaniert ist, mit diesem Mainstream-Chic …

U. M.: **Erzähl doch mal ein bisschen mehr über deine Gäste. Du hast da doch so eine interessante Typologie …**

JURIJ: Also, wir haben da so kleine Bilder, da sehen wir zwei typische EGAL-BAR-Besucher. Diese beiden Silhouetten da, das eine ist der Unauffällige. Es gibt halt Leute, die sitzen stumm da und saufen. Und daneben ist so ein Spaßtyp.

U. M.: **Beschreib die doch bitte noch mal etwas detaillierter.**

JURIJ: Für mich gibt es zwei verschiedene Arten von Männern. Der eine will sich unbedingt prügeln. Und der andere will unbedingt verprügelt werden. Also der eine versucht einen laufend zu provozieren, fängt an, hinter'n Tresen zu greifen und sagt: „Ey, leer mal den Aschenbecher aus!" Der will einen Streit vom Zaun brechen. Also neulich hatten wir einen, der hat dann mit beiden Händen die Scheibe eingedrückt, die Scheibe ist hier einmal durchgeflogen. Der wollte Drogen von mir haben. Der war fest davon überzeugt, dass ich immer Hasch habe. Weil Karoviertel, ist ja ganz klar. Dann hab ich gesagt: „Du, hab ich nicht." „Hey, jetzt komm, gib mal!" Und dann hat er noch beim Kickern verloren, da ist er so in Rage geraten …

U. M.: **Ich find, das sind auch Gründe.**

JURIJ: Genau. Der andere typische EGAL-BAR-Gast ist jetzt das krasse Gegenteil. Da hatte ich neulich einen, der hat auch provoziert. Da saß ich am Tresen, nicht erkennbar als Wirt, da legt der mir da ein Feuerzeug auf den Kopf! Also, so was hab ich noch nicht erlebt. Er hatte nicht den Mut, mich am Ohr zu ziehen, sondern legt mir was auf den Kopf. Hatte ich wie gesagt auch noch nicht erlebt. Also sag ich zum Barkeeper: „Komm, den schmeißen wir jetzt raus!" Und dann war der ganz weich. Das merkst du ja, der hatte keine Körperspannung. Wenn er Randale machen will, dann hat er Körperspannung. Dann haben wir darüber philosophiert und haben uns gedacht: „Hey, das ist 'n einsamer Mensch, der hat keine körperliche Berührung. Wenn er mir das auf'n Kopf legt, dann soll ich ihm 'ne Backpfeife hauen, dann spürt er sich wieder." Solche Typen gibt es. Und Frauen natürlich. Frauen gibt's ja auch als Gäste …

U. M.: **… das freut mich für euch.**

JURIJ: Jaja, auf jeden Fall! Ist eigentlich der angenehmere Gast, weil es in Frauen nicht so gärt. Die ertragen ihr Schicksal halt einfacher, wenn es dann eines gibt. Aber wenn sie betrunken sind, dann gibt's halt manche, die wollen einen in Diskussionen verwickeln. Also am Anfang hatte ich mal eine, die war so betrunken, die setzte sich hier hin und guckte, konnte auch

„WENN ER RANDALE MACHEN WILL, DANN HAT ER KÖRPERSPANNUNG."

gar nicht mehr reden, sagt aber auf einmal: „Ich will mit dir knutschen!" So, bis dato war ich nur gewöhnt, dass die Leute immer reinkamen und sagten: „Leih mir mal zehn Euro!" oder: „Du machst jetzt, was ich will!" oder so was Ähnliches. Und nachher ist die echt über'n Tresen rüber. Das war eine freundliche Invasion. Trotzdem: Frauen sind nicht so psychomäßig drauf. Und gewalttätig schon gar nicht.

U. M.: **Deine Analysen haben wirklich etwas von einem Therapeuten, finde ich. Aber deine Frau hast du hier nicht kennengelernt, oder?**

JURIJ: Doch …

U. M.: **… hab ich mir fast gedacht …**

JURIJ: … beim Kickern …

U. M.: **… ist klar.**

JURIJ: Ja, wo auch sonst?

U. M.: **Das ist natürlich auch einer der Gründe, warum man als junger Kerl eine Bar aufmacht, oder? Weil man da dann leichter Frauen kennenlernt.**

JURIJ: Ja. Na ja, in dem Moment, wo du hinter'm Tresen stehst, bist du halt der biologisch Überlegenste im ganzen Laden. Das imponiert natürlich. Und wenn du dann halt die Flaschen, die Männerflaschen davor, die alle schon total betrunken sind, mal abziehst, dann bleibt halt nicht mehr viel übrig, außer der Barkeeper natürlich. Aber das kann man auch nicht ewig so machen.

U. M.: **Das hört sich in jedem Fall nach einem intensiven Miteinander von Wirt und Gästen an.**

JURIJ: Das stimmt. Ich kann mir vorstellen, dass einen das mehr mitnimmt, wenn man nicht darauf vorbereitet ist. Ich war jahrelang im Internat und weiß deshalb, wie das ist, mit vielen Leuten an einem kleinen Ort. Also auch mit vielen Jungs, vor allen Dingen. Damals gab es da verschiedene Häuser. Und Animositäten unter den Häusern. Und dann hatte ich schon mal vergleichbare Situationen, dass welche gekommen sind und gesagt haben: „Hey, du machst jetzt, was wir wollen!" Da hab ich gelernt, mich gerade zu machen und zu sagen: „Nee! Mach ich nicht!" Dann versuchen die dich einzuschüchtern. Und dann hatte ich mal den Fall, da kommt die andere Gang bei mir rein und macht richtig Rabatz und sagt: „Na ja, du zitterst ja!" Ich hatte da auch echt Angst. Hab ich gesagt: „Du, ich hab gerade eine richtige Tüte geraucht." Sagt er: „Ja, das kenn ich auch, danach bin ich auch immer so ein bisschen …"

U. M.: **… dizzy …**

JURIJ: Genau! Und so konnte ich das kaschieren und so tun, dass man halt keine Angst hat und immer das Rückgrat gerade macht. Denn du darfst selbst kein Opfer abgeben, sonst ist es schnell aus. Das merken die Leute.

U. M.: **Was hältst du davon, wenn ein Wirt sagt, er empfinde eine Fürsorgepflicht für seine Gäste?**

JURIJ: Das ist schlichtweg gelogen. Die Fürsorgepflicht würde ja bedeuten, dass du denen eine Aspirin mitgibst, wenn sie gehen, damit sie morgen … Natürlich gebe ich auch Tipps, wenn einer sagt:

„DU MUSST GURKENWASSER TRINKEN."

„Ohh, hab ich wieder einen Kater!" Dann sag ich: „Duuu, du musst Gurkenwasser trinken, dann hast du morgens keinen Kater." Und dann fragen sie: „Warum?" „Weil beim Kater zu wenig Salze in deinem Gehirn sind, da kriegst du Kopfschmerzen. Deswegen musst du Salziges trinken." Gemüsebrühe oder Gurkenwasser. Und für Fleischliebhaber: Wurstwasser geht auch. Also das ist schon eine Fürsorgepflicht.

U. M.: **Ja.**

JURIJ: Also mehr geht nicht …

U. M.: **… das geht ja auch ins Kulinarische rein. Also, du kommst dann von der therapeutischen in die kulinarische Ecke.**

JURIJ: Lebenstipps.

U. M.: **Lebertipps.**

JURIJ: Genau. Kannst ja auch sagen: „Trink 'ne Flasche Selter vor'm Schlafengehen, dann hast du morgens keinen Kater." Aber ansonsten kann ich das nicht verstehen. Denn du bist ja darauf angewiesen, dass die trinken. Und nicht

„ER HATTE SO VIEL ÄRGER MIT DEM ERBE VON 800.000."

nur ein Bier, sondern am besten zehn Bier. Und zehn Schnaps. Jo, das ist schon klar. Und das ist irgendwie ein bisschen verlogen, dann zu sagen, ja, es tut mir so leid, wenn die morgens zerstört sind. Das ist natürlich Quatsch.

U. M.: **Ich fasse zusammen: Du empfindest keine Fürsorgepflicht für deine Gäste, gibst aber durchaus Lebenstipps und bist auch sonst ein guter Tresen-Therapeut.**

JURIJ: Also, die erzählen dir ja auch alles. Wenn du die richtig hast, dann erzählen die alles. Da war neulich zum Beispiel so ein Typ, der war voll frustriert, weil seine Eltern gestorben waren und er so viel Ärger mit dem Erbe hatte. 800.000 Euro.

U. M.: **Oh ja, das hört sich nach sehr viel Ärger an.**

JURIJ: Das ist viel Ärger. Zu dem hab ich gesagt: „Mensch, ey, nun bleib mal auf'm Boden. Ich meine, das ist ja dekadent." Es war vielleicht aber auch ein Hilferuf: „Komm, tausch mit mir. Ich würd lieber 'ne Bar haben, als mich mit der Villa meiner Eltern rumstressen." Also das Angebot hatte ich nicht, einfach zu sagen: „Ja ok, dann kannst du das haben, und ich nehm das." Nee, der wollte halt nur sein allgemeines Leid klagen. Ihn kannte ich natürlich auch schon vorher.

U. M.: **Jurij, du hast vorhin mal angedeutet, dass du die EGAL BAR nicht mehr ewig führen wirst.**

JURIJ: Das Haus wird irgendwann mal saniert. Das haben die zwar schon gesagt, als ich den Mietvertrag unterschrieben habe. Da haben sie gesagt: „Herr Klauss, wir geben Ihnen 'ne ganz günstige Miete. Tolle Konditionen, aber hängen Sie bloß kein Bild an die Wand, geht nächstes Jahr los. Ging aber nicht los. Das war vor 14 Jahren. Jetzt aber vielleicht nächstes Jahr. Dann wird das hier rückgebaut, so nennt sich das ja, als Euphemismus für Abreißen. Und dann kommt hier keine Bar mehr rein. Aber ich hab dann auch genug. Weil irgendwann wiederholt sich alles immer wieder.

U. M.: **Und was wirst du dann als Fazit mitnehmen?**

JURIJ: Egal ist immer das, was der Barkeeper egal findet. Und nicht du.

U. M.: **Ganz deiner Meinung, Jurij!** ●

„MIT ALKOHOL MUSS MAN MÖGLICHST ZART UMGEHEN – FAST SCHON LIEBKOSEND."

DIE COCKTAIL-MIXER-LEGENDE **UWE CHRISTIANSEN** ÜBER DIE LIEBE ZUM ALKOHOL, DIE NICHT STÄRKER WERDEN DARF ALS MAN SELBST.

UWE CHRISTIANSEN HATTE SEINE ERSTE BAR MIT 18 IM KELLER DES ELTERNHAUSES IN HOHENWESTSTEDT.
NACH EINER ODYSSEE RUND UM DIE WELT GILT ER HEUTE ALS EINER DER BESTEN COCKTAIL-MIXER DER WELT. ABER
NICHT NUR IM UMGANG MIT SPIRITUOSEN SCHEINT DER LEBEMANN EIN GLÜCKLICHES HÄNDCHEN ZU HABEN.
SCHLIESSLICH GEHÖREN IHM MITTLERWEILE VIER LÄDEN IN HAMBURG. DARUNTER DIE COCKTAILBAR
CHRISTIANSEN'S IM STADTTEIL ST. PAULI.

ULLI MÜLLER: **Wie kommt man eigentlich als Junge aus einer Kleinstadt in Holstein dazu,
Barkeeper und Cocktail-Mixer zu werden?**
UWE: Wahrscheinlich muss das irgendwie in mir drin gewesen sein. Meine erste Kellerbar
hatte ich, da war ich 18. Da haben mein Vater und ich die Modelleisenbahn in Bananenkartons
gepackt und haben aus dem Spielraum von meinem jüngeren Bruder und mir eine Kellerbar
gebaut. Mein Vater war ja Lebensmitteleinzelhandelskaufmann, der hat die Vertreter, die
in den Supermarkt kamen, dann belatschert und denen Gläser, Plastiktabletts und was man
sonst noch so dafür brauchte für unsere Bar abgeschnackt. Später war es dann seine
Aufgabe, die exotischen Sachen, die ich haben wollte, zu organisieren. Zum Beispiel einen
Liqueur Galliano oder Ananassaft. Den gab es
auf'm Dorf nicht. Das war ja das größte Problem.
Es gab dort für Cocktail-Mixer weder die Litera-
tur noch die Ware dazu …

„DA HAST DU EIN KLIENTEL, DAS EXTREM ALKOHOL-VERSEUCHT IST."

U. M.: **Und wie kommt man 1977 mit 18
in Hohenweststedt auf Ananassaft? Ohne
Internet …**
UWE: Ich weiß es auch nicht. Wahrscheinlich war
es irgendetwas, was ich im Fernsehen gesehen
hatte. Denn noch heute gibt es rund um Hohenweststedt rein gar nichts, was mit Cocktails zu
tun hat, außer mir selber, wenn ich mal da bin. Ich hab dann angefangen, in so fürchterlichen
Dorfkneipen Cocktail-Abende zu veranstalten. Das stand dann auch groß in der Zeitung:
Cocktail-Party mit Uwe!
U. M.: **Nach deiner Lehre zum Einzelhandelskaufmann bist du ja dann raus in die Welt.
Du hast jahrelang in Kapstadt gelebt und da dein Handwerk gelernt, in Griechenland
gearbeitet und warst dann als Barkeeper auf Luxus–Linern wie der Queen Mary
unterwegs. Wie war diese Zeit?**
UWE: Wenn man auf der Queen Elisabeth arbeitet oder auf einer Queen Mary, da hast du ein
Klientel, das meistens sehr wohlhabend ist, aber teilweise auch extrem alkoholverseucht.
Die saufen da aus Langeweile und labern dir den ganzen Tag die Ohren ab. Da kann einer
seine Alte nicht mehr angucken, weil er mit der seit 25 Jahren allein auf'm Schloss sitzt. Und
jetzt muss er mit ihr auch noch die Kreuzfahrt machen, obwohl da so viele nette Mädels auf
dem Schiff sind. Das sind dann die Gäste, die heimlich noch mal zu dir an die Bar kommen.
Und dann hast du auf Kreuzfahrtschiffen die ganzen Honeymooners, oder gelangweilte
Einzelreisende. Damals war es immer unser Traum als Barkeeper, auf diesen Schiffen eine

verwitwete einsame millionenschwere Frau zu finden, die auch noch blond ist, gut aussieht und Mördertitten hat. Und das ist ja dann auch genauso passiert. Nicht mir, sondern meinem damaligen Barkellner. Der hat immer gesagt: „Irgend so eine reiche Alte greif ich mir."
Auf einer unserer Weltreisen waren wir dann mal auf die gleiche Frau scharf. Weil ich abends immer länger arbeiten musste, hab ich gesagt: „Komm, ist dein Baby, mach!" Mittlerweile leben die zusammen in Dallas und sind verheiratet. Sie ist eine der reichsten Pferdezüchterinnen der Vereinigten Staaten.

„DER GENUSS AN SICH IST EIN ERHABENES GEFÜHL."

U. M.: **Man hat als Barkeeper also offensichtlich auch schon mal engeren Kontakt mit seinen Gästen.**

UWE: Oh ja, doch, das hat man schon. Das hängt aber immer von der Bar ab, in der man arbeitet. So hier im CHRISTIANSEN'S, ja gut, hat es auch schon gegeben. Aber meistens nicht am gleichen Abend. Weil wir hier sehr viel distanzierter sind. Wir haben auch so viel Disziplin, es nicht auszunutzen, wenn sich eine Person wirklich betrunken hat. Auf Kreuzfahrtschiffen ist dir das schietegal. Die sind ja nur sieben oder 14 Tage da, danach siehst du die nie wieder. Aber dabei gehst du ein unglaubliches Risiko ein. Weil: Wirst du erwischt, bist du weg vom Dampfer.

U. M.: **Und trotzdem gehört das zu den angenehmen Seiten des Berufes, oder?**

UWE: Ja, äh, das ist natürlich auch immer eine Sache für sich. Meistens ist es schön. Es kann aber auch – ist mir auch mehr als einmal passiert – eine ungeheure Last werden. Wenn du das zum Beispiel gleich am ersten Tag gemacht hast. Auf einer Kreuzfahrt hast du diese Frau dann noch 14 Tage an den Hacken und alle deine Kollegen feixen sich einen. Ich weiß auch, dass es heute noch genauso läuft. Es gibt Schiffe, die sind in der Hinsicht relativ locker. Früh morgens, wenn die Parties langsam ausklingen, darf die Crew auch an Deck und ein bisschen mitfeiern. Die sagen dann immer: Ab drei Uhr morgens ist Resteficken.

U. M.: **Hast du in solchen Situationen eigentlich gar keine Gewissensbisse, die Menschen laufend zum Alkoholtrinken zu verführen?**

UWE: Nur bedingt. Natürlich sind wir in gewisser Hinsicht Drogenhändler. Wir verkaufen Drogen. Aber wenn man Drogen in Maßen genießt, können sie auch hilfreich sein. Der Genuss an sich ist ein erhabenes Gefühl.

U. M.: **Es geht aber nicht nur um Genuss, sondern auch um Wirkung …**

UWE: Klar, Alkohol macht geschmeidiger, macht lockerer, macht Mut, verwischt Realitäten, löscht für eine Zeit deine Sorgen, ist einfach ein hilfreiches Element, um mal dem Alltag zu entfliehen. Aber alleine trinken ist langweilig. Dann hast du niemanden, bei dem du den Frust rausbrüllen kannst, wenn es um Liebesentzug oder Ähnliches geht.

U. M.: **Erzähl uns jetzt doch noch mal eine Anekdote aus dem Leben eines berühmten Barkeepers …**

UWE: Da muss ich etwas ausholen. Eines meiner witzigsten Erlebnisse war eine Begegnung mit Udo Lindenberg in New York vor knapp drei Jahren. Wir kannten uns schon relativ lange, wussten aber nicht, dass wir beide gerade dort waren. Bis ich ihm eine Urlaubs-SMS geschickt habe. „Schönen Gruß aus New York! In vier Stunden gehe ich an Bord der

Queen Mary. Wir sehen uns in Hamburg." Und er zurück simste: „Dann sehen wir uns ja gleich. Bin auch auf dem Weg zur Queen Mary. Ich fahre mit." Meine Antwort war nur: „Hast du bedacht, dass es auf der Queen Mary keinen Eierlikör gibt?" Er hat natürlich gleich angerufen: „Scheiße, was machen wir denn jetzt? Panik! Wir müssen handeln!" Ich bin dann in der kurzen Zeit bis zur Abreise kreuz und quer durch Manhattan gelaufen, bis ich tatsächlich in einem völlig verwarzten Bottlestore eine schon leicht bräunliche Flasche Bols Eierlikör gefunden habe. Die habe ich dann sogar am Zoll vorbei mit an Bord bekommen. Das hat Udo mir bis heute nicht vergessen. Wir haben diese Flasche an Bord zelebriert wie den teuersten Whiskey, den wir jemals in unserem Leben getrunken haben. Diese Flasche steht von Udo und mir signiert irgendwo auf der Queen Mary.

U. M.: **Lass uns jetzt auf dein Flaggschiff kommen, das CHRISTIANSEN'S. Was für Menschen trifft man bei dir an?**

UWE: Wir hatten letzte Woche zum Beispiel zwei Amerikanerinnen hier, die absolute Martini-Freaks sind und aus den USA hierhergeschickt wurden. Die kannten Kollegen von mir. Die eine wurde von einem Barkeeper aus Seattle zu mir geschickt. Die andere kam von Amsterdam über Phillip Duff zu uns. Das war einer der Abende, an dem nur Englisch gesprochen wurde. Wir hatten nur englischsprachige Gäste hier. Aus Schweden, aus Irland, und eben aus Amerika. Das ist das, was ich hier auch gerne haben möchte: Kosmopolitisch, international, um dann mit den Gästen über Getränke zu reden. Oder vielleicht auch mal über einen Liqueur zu streiten.

U. M.: **Dann ist das hier also sehr speziell. Oder gibt es bei euch auch Leute, die einen Achtzig-Euro-Whiskey trinken und dann erzählen, dass sie Trouble mit ihrer Frau haben?**

UWE: Gibt es auch. Aber ich glaube, das ist so eine Sache, die man eher in Hotelbars findet. Oder auch in irgendeiner Kaschemme, wenn sich nach dem dritten Bier die Zunge löst.

U. M.: **Uwe, muss man eigentlich die Welt gesehen haben, um ein guter Barkeeper zu werden?**

UWE: Nein, ich glaube Fleiß und Disziplin spielen eine sehr, sehr große Rolle. Das sind sicherlich die wichtigsten Merkmale, um zu einem guten, vielleicht auch bekannten Barkeeper zu werden. Was einen aber nicht automatisch auch dazu macht. Gerade die Disziplin: Finger weg vom Alkohol! Viele meiner Kollegen sind Alkoholiker. Das muss man ganz klar sagen. Deren Hauptziel ist es dann, den Alkohol zu organisieren, den man tagsüber braucht. Ich komme tagelang ohne Alkohol aus. Hier zum Arbeiten gibt es meistens Mineralwasser und Kaffee. Auf der Seefahrt habe ich gelernt, dass man mit Alkohol möglichst zart umgehen soll, fast schon liebkosend. Und dann hast du ein Problem. Ich sag meinen Gästen,

„ICH SERVIER EUCH DAS, ICH ERKLÄR EUCH DAS – ABER TRINKEN MÜSST IHR ALLEINE."

die meinen: „Mensch, komm, trink doch mal einen mit!" auch immer: „Ich servier euch das, ich erklär euch das, ich mach euch das – aber trinken müsst ihr." Eine andere Disziplin ist, dass man versucht, Ruhephasen zu finden. Was mir zurzeit nicht so ganz gelingt. Aber ausreichend Schlaf finde ich ganz wichtig.

„ICH SEHE UNS EHER ALS CHOREOGRAFEN."

U. M.: Welchen Anteil hat dein Händchen im Umgang mit Menschen an deinem Erfolg?

UWE: Ich glaube, das ist eine Sache, mit der ich eher Schwierigkeiten habe. Das ist wahrscheinlich das Erbe meines Vaters. Der hat vieles lieber alleine gemacht. In gewisser Weise bin auch ich unfähig, Sachen zu delegieren und Menschen einfach mal machen zu lassen. Das habe ich erst in den letzten Jahren gelernt. Zwangsläufig natürlich dadurch, dass ich vier Läden nebeneinander führe und mich jetzt auf eine ganz andere Struktur einlassen muss, sonst kriegt man das nämlich nicht gebacken. Das ist sehr, sehr schwer. Auf der anderen Seite kommen langjährige Mitarbeiter auch immer irgendwann wieder zu mir zurück. Also irgendwas mach ich auch richtig. Was ich sicherlich vielen meiner gastronomischen Kollegen voraushabe: Jeder kriegt sein Geld. Und zwar pünktlich und ordentlich, so wie das sein soll.

U. M.: Glaubst du, dass ein guter Barmann die Arbeit von Therapeuten und Psychiatern ersetzen kann?

UWE: Also ersetzen wohl nicht. Wir können sie vielleicht mal unterstützen. Oder wir liefern ihnen Kunden. Weil wir sie vorher so behandeln oder auseinandernehmen, dass sie danach einen Psychiater brauchen. Nein! Also im Ernst, ich glaube, das wird überbewertet. Sicherlich liefern wir schon mal eine Therapie ab und haben auch schon so manchen Gast davor bewahrt, irgendwelche Dummheiten zu machen. Jemanden zu verprügeln oder jemandem zu Hause die Scheiben einzuschlagen, weil er sauer ist und sich hier zugeschüttet hat. Manchmal reicht es schon, jemandem die Autoschlüssel abzunehmen, um sein Psychiater zu sein. Ich sehe uns aber eher als Choreografen. Das ist das bessere Wort. Wir choreografieren unsere Gäste, indem wir sie richtig platzieren und so neue Connections herstellen. Wenn man zum Beispiel plötzlich mitkriegt, dass zwei, die auseinander sitzen, gemeinsame Interessen haben, dann bringt man die zusammen. In den Bereichen sind wir für die Menschen vielleicht so eine Art Helfer. So haben wir schon Ehen gestiftet oder Kinder zur Welt gebracht.

U. M.: Kann man als moderner Wirt ein weiser Mensch werden?

UWE: Ich glaube schon. Ich denke, wenn man so viel rumgekommen ist wie ich, so viele Menschen und Kulturen kennengelernt hat, sich in anderen Ländern durchschlagen musste und das bis jetzt einigermaßen schadlos überstanden hat, dann verfügt man über eine gewisse Form von Weisheit. Die kann man dann, wenn man sie braucht, abrufen. Das hätte ich sicherlich nicht gesagt, als ich 25 oder 30 war. Aber ich werd in diesem Jahr 50. Und da kann ich schon mit Stolz behaupten, dass ich mir jede Menge Wissen angeeignet habe. Und deshalb vielleicht auch manche Fehler nicht mehr machen muss.

U. M.: Und damit bist du stark genug, gleich vier verschiedene Gastro-Marken zu befruchten?

UWE: Es scheint ja so, ja! ●

„AUF DEM KIEZ WAREN ES SCHON IMMER DIE WIRTE, DIE DAS GESETZ GEMACHT HABEN."

ORHAN SANDIKCI AUS DEM INDRA ÜBER DIE VERANTWORTUNG SEINES BERUFSSTANDES FÜR DAS WOHLERGEHEN JUNGER LEUTE AUF EINEM WOCHENENDKIEZ AUSSER RAND UND BAND.

ALS **ORHAN SANDIKCI** MITTE DER SIEBZIGER DEN KIEZ UND DAS NACHTLEBEN LIEBEN LERNT, GIBT ES NOCH KEINE TÜRSTEHER. ORHAN HAT EINE FETTE MATTE, MACHT EINE LEHRE BEI MERCEDES BENZ, KAUFT SICH IN LONDON PLATEAUSTIEFEL FÜR 300 MARK UND TRÄGT IM WINTER EINEN AUF TAILLE GESCHNITTENEN LEDERMANTEL. MIT MITTE 30 ENTSCHEIDET SICH DER KÜMMERER UND BETRIEBSRAT DANN FÜR EIN NEUES LEBEN ALS GASTRONOM AUF SANKT PAULI. HEUTE KANN ER MIT RECHT BEHAUPTEN, DASS ER DAS LEGENDÄRE INDRA AUF DER GROSSEN FREIHEIT WIEDER ZUM LEBEN ERWECKT HAT. DEN CLUB, IN DEM EINST DIE BEATLES ZUM ERSTEN MAL AUSSERHALB VON GROSSBRITANNIEN AUFGETRETEN SIND.

ORHAN: Ich wusste vorher gar nicht, dass die Beatles hier ihren ersten Auftritt hatten und dass das mal das INDRA war. Als ich das übernommen habe, war hier die Blockhütte drin. Ich wollte eine Blues-Bar machen. Eines Tages ging hier so ein alter Kiezianer lang und sagte: „Hallo, Orhan, was willst du denn hier draus machen?" Und ich sag so aus Spaß: „Mensch, ich bin Türke, ich mach hier einen Gemüseladen. Oder einen deutsch-türkischen Arbeiterverein." „Nee, mach mal keinen Quatsch", sagte er, „das hier ist nämlich der Laden, wo die Beatles ihren ersten Auftritt hatten in Hamburg." Und da kriegte ich natürlich solche Lauscher. Und sagte: „Was, hier??? Und wie hieß der Laden?" „Ja", sagte er, „INDRA".

ULLI MÜLLER: **Wenn man sich dein Programm so anguckt, dann merkt man schnell, wo dein Herz schlägt.**

ORHAN: Es ist aber nicht einfach, wenn du so eine Kulturstätte herrichtest. Und keine Unterstützung hast. Schon gar nicht von der Kulturbehörde. Von der Kulturbehörde? Null. Nichts. Gar nichts. Das ärgert mich! Als ich den Laden übernommen habe, da war er halb so groß. Und der hintere Teil gehörte noch nicht hierher. Aber das ursprüngliche INDRA war das Ganze. Also bitte ich die Kulturbehörde: „Bitte helfen Sie mir, die Genehmigung zu kriegen, dass ich das alles mieten kann." Hat sich die Dame von der Behörde hingestellt und gesagt: „Das interessiert niemanden. Die Beatles haben überall gespielt. Wir können Ihnen nicht helfen." Dann hab ich überall Bewerbungen geschrieben, an alle Senatoren, Behörden, Bürgermeister, die STEG, alle, Sprinkenhof AG, einfach alle. Und: Alle haben positiv geantwortet. Juchhuu! Nur die Kulturbehörde hat gesagt: „Wir können Ihnen nicht helfen." Die wussten nicht, dass ich schon die Genehmigung habe.

U. M.: **Aber du hast deinen Weg ja trotzdem gemacht. Würdest du dich denn überhaupt als Wirt bezeichnen? Das ist ja hier ein Musik-Club. Allerdings mit einem langen Tresen.**

„MENSCH, ICH BIN TÜRKE, ICH MACH HIER EINEN GEMÜSELADEN."

ORHAN: Also, Wirt, hmm? Mich hat der Zufall hierhergebracht und mir das hier ermöglicht. Und ich mach das jetzt. Ich bin hier mein Gast, mein Wirt, mein Kellner, mein Putzmann, und ich amüsier mich. Aber als Arbeit seh ich das hier nicht. Als Arbeit würde ich das hier nicht machen. Also ein Wirt, wie wir das von früher kennen, mit so einer Zigarre im Mund, mit dickem Bauch und so, und komm, erst mal 'n Schnaps und 'n Bier und so, so ein Wirt bin ich nicht. Nein, ich liebe das Leben. Und das ist mein Leben.

U. M.: **Teil dieses Lebens sind deine Gäste. Unterhalten die sich eigentlich richtig mit dir?**

ORHAN: Sehr gerne sogar. Wir reden hier über Gott und die Welt. Meine Gäste sind zum größten Teil Menschen, die vom Leben Bescheid wissen. Nicht nur über Frauen, Weiber, und dies und das … Sondern auch über Kultur und Geschichte, eigentlich über alles. Das ist das Schöne. Manchmal stehen hier zehn verschiedene Nationen zusammen, und dann verändern und verbessern wir die Welt. Und manchmal reden wir über Fußball.

U. M.: **Und hast du viele Stammgäste?**

ORHAN: Ja, natürlich gibt es sehr viele Wiederholungstäter.

U. M.: **Aber die sagen: Wir gehen zu Orhan. Die sagen nicht: Wir gehen ins INDRA.**

ORHAN: Das ist fast dasselbe. Mittlerweile steht das INDRA ja über mir. Wenn ich nicht mehr hier bin,

„MANCHMAL STEHEN HIER ZEHN NATIONEN UND VERÄNDERN ZUSAMMEN DIE WELT."

wird es das INDRA weiter geben. Das denk ich schon. Ich werde dafür sorgen, dass das hier so bleibt, wenn ich hier mal rausgehen sollte. Das steht über mir. Das ist ein Kulturgut geworden, das zu unserem Stadtteil gehört und zu unserer Stadt. Es ist ja nicht so, dass wir hier die Beatles rauf- und runterspielen. So ist es nicht. Nein, wir wollen den Geist, die Philosophie, die dahintersteht, fördern. Junge Nachwuchs-Musiker, die gute Sachen machen. Das ist es, ja. Und wir sind schon zusammengewachsen. Früher war das INDRA ein Teil von mir, jetzt bin ich ein Teil vom INDRA. Und das ist schön so.

U. M.: **Interessant finde ich Folgendes: Als Arbeit würdest du den Job nicht machen. Aber du machst ihn. Na klar bist du kein Wirt …**

ORHAN: … nee, bin ich nicht …

U. M.: **… aber du bist natürlich auch Wirt.**

ORHAN: … ich bin auch kein Chef hier, nö, wollt ich noch nie, Chef sein, pah! Das weiß mein Personal auch. Mann, die ermöglichen mir, Geld zu verdienen. Ich bin von der politischen Richtung her ja auch gegen die Chefs.

U. M.: **… das auch noch …**

ORHAN: … ja, ja …

U. M.: **Da kommt aber viel zusammen bei dir.**

ORHAN: Ja, natürlich. Das ist hier eine soziale Dienstleistung, mit Betonung auf sozial. Wenn jemand dreimal in einer Woche reinkommt und sich die Birne vollknallt, dann hat er Beziehungsprobleme oder er hat seinen Job verloren oder er will sich umbringen usw. usw.

U. M.: **Und spielst du dann eine Rolle, wenn die ein Problem haben?**

ORHAN: Klar. Eine große Rolle. Ich fang sie entsprechend auf. Einige Familien hab ich schon gerettet. Die haben sich dann auch bedankt. Und das war schön. Das ist das größte Verdienst, das man haben kann. Was ist denn Geld gegen die Freude in den Augen eines Menschen, dem dein Wort gutgetan hat? Das ist schön. Das ist unbezahlbar, so was.

U. M.: **Wir machen das Projekt ja auch, weil wir glauben, dass unsere Welt schnell zu einem kollektiven Irrenhaus würde, wenn es solche Menschen wie dich nicht gäbe.**
ORHAN: Leider tun die Wirte aber ein bisschen zu wenig dafür. Es gibt zu viele Discotheken und Clubs, deren Betreiber keinen Bezug mehr zu den Gästen haben. Stellen vier, fünf Türsteher vor die Tür. Der kommt rein. Der kommt rein. Der dritte kommt nicht rein. Und drinnen bumm bumm, laute Musik, und dunkel dunkel, und Alkohol verkauf verkauf und am Ende zähl, zähl, zähl. Die ganze Aggression mit den Jugendlichen, was sich hier auf Sankt Pauli wieder verbreitet, mit den Messerstechereien und so – wir sind die Einzigen, die das aufhalten und wieder verbessern könnten. Das können weder Politiker noch Polizisten. Das können nur wir Wirte. Aber dafür müssten wir uns regelmäßig zusammensetzen und besprechen, was sich ändern müsste. Zum Beispiel: Solange jemand nicht volltrunken ist oder die Augen verdreht, darf man niemanden abweisen. Man muss die Leute reinlassen und erziehen. Ihnen beibringen, was es heißt, sich zu amüsieren. Wir schreiben doch den Menschen vor, wie sie sich zu verhalten haben. Du hast Geld in der Tasche zu haben. Du hast dich so und so zu verkleiden. Aber wir erzählen denen

„WIR SIND DIE EINZIGEN, DIE DAS AUFHALTEN KÖNNEN."

nicht, wie sie Spaß haben sollen. Sondern wir überlassen denen das. Und wenn dann einer eine halbe Flasche Wodka im Kopf hat, dann dreht er durch. Das könnten wir ändern. Auf dem Kiez haben schon immer die Wirte, die Betreiber das Gesetz gemacht. Die haben vorgeschrieben, was zu laufen hat. Nicht die Polizei. Wir sind damals überall reingegangen. Und da hat keiner gefragt, wie du aussiehst, ob du Geld hast. Mitte, Ende der Achtziger ging das dann los mit den Türstehern. Damals war das ja aktuell mit den Kanackern, Ausländer, Inländer, Neufundländer. Dadurch entstanden Aggressionen. Ich sag: Jemand, der auf Sankt Pauli wohnt, muss das Recht haben, überall reinzukommen. Dem kann kein Wirt sagen: Du kommst hier nicht rein. Das ist sein Stadtteil. Du kommst hierher, steckst Geld irgendwo rein, machst einen Amüsierbetrieb auf – und dann lässt du den Anwohner da nicht rein? Hallo??? Diese ganze Aggression ist durch die Wirte entstanden. Die Jugendlichen sind nicht schlechter geworden. Nein, Schuld haben wir Betreiber. Weil wir unsere sozialen Dienste nicht tun. Nicht genug. Wir denken nur noch an Geld verdienen, Geld verdienen, Geld verdienen. Hat er kein Geld mehr in der Tasche? Schmeiß ihn raus! Nein! Du musst ihn irgendwo hinsetzen und warten, bis er ein bisschen nüchterner ist, und dann kannst du ihn rausbringen. Oder wenn jemand reinkommt, der schon ein bisschen lallig ist und ruft: Wodka Lemon. Dann darfst du ihm keinen Wodka Lemon mehr geben. Darfst ihm nur Wasser geben. Solche Sachen mein ich.
U. M.: **Und das soll wirken?**
ORHAN: Natürlich. Die hören ja auch auf dich.
U. M.: **Ja, aber das hat bei dir auch was mit Autorität zu tun und mit Ausstrahlung. Was hast du eigentlich vorher gemacht?**

„ICH MUSSTE IM LEBEN SEHR WENIG LÜGEN."

ORHAN: Ich bin von Beruf Industriemechaniker.

U. M.: **Und was gab den Ausschlag, dass du hier in die Freiheit gegangen bist und Gastronomie gemacht hast?**

ORHAN: Ich war 33, hatte Familie, Kinder, einen sehr guten Job bei Mercedes Benz, war Gewerkschafter und im Betriebsrat, und dann ist da im verflixten siebenten Jahr was auseinandergegangen, und dann hab ich mir gesagt: So, Orhan, jetzt überlegst du dir mal was mit deinem Leben. Du bist jetzt 33 Jahre alt. Wenn du hierbleiben willst, dann kaufst du dir jetzt eine schöne Büffelleder-Arbeitstasche, dann so eine Aluminium-Brotdose, die nicht schnell kaputtgeht, und dann noch so eine stabile Thermosflasche. Und dann gehst du 20, 30 Jahre lang zur Arbeit, nach Hause, zur Arbeit, nach Hause, und das war dann dein Leben. Sollte das so sein? Nein! Was wollte ich schon immer machen? Gastronomie!

U. M.: **Wenn man im Betriebsrat war und jetzt hier seit 20 Jahren soziale Dienstleistungen vollbringt, dann hat man ja bestimmt ein spezielles Verhältnis zur Wahrheit.**

ORHAN: Ich musste im Leben sehr wenig lügen. Ich konnte zu den meisten ehrlich sein. Aber wenn ich mit einer Lüge eine Ehe retten kann, dann würde ich lügen. Verstellen musste ich mich aber noch nie.

U. M.: **Es gibt ja Kollegen von dir, die es vermeiden, gegenüber Gästen eine Stellung zu beziehen.**

ORHAN: Ja, natürlich. Die warten auch immer nur drauf, dass das Bier endlich alle ist. Die sagen: Ja, du hast recht! Trink mal noch einen. Ja, du hast recht, trink mal noch einen. Und noch einen …

U. M.: **Ach, so hängt das also zusammen?**

ORHAN: Ja, so einer bin ich nicht. Wenn ich den Menschen ernst nehme, dann nehme ich auch Stellung. Man muss ja nicht jeden stundenlang therapieren. Kannst ja auch sagen: Wo ist denn das Problem? Die meisten Menschen wissen ja, wo das Problem liegt. Das wissen die ja. Das wollen die gar nicht von dir wissen. Die wollen nur darüber geredet haben.

U. M.: **Und hast du noch ein weises Wort zum Ende dieses Gesprächs?**

ORHAN: Wenn ich heute einen 22-Jährigen höre, denk ich mir manchmal: Was muss ich damals mit 22 wohl für einen Müll gelabert haben … na gut, das nicht, ich natürlich nicht, ich war schon immer weise, ich bin schon weise auf die Welt gekommen.

U. M.: **Zu guter Letzt für heute: Was machst du eigentlich, wenn du nicht im INDRA bist?**

ORHAN: Ich bin ein Kümmerer. Ich kümmer mich um dies, ich kümmer mich um das. Ich bin ein Kümmerer.

U. M.: Vielen Dank dafür, Orhan! ●

„WER AUF SANKT PAULI WOHNT, MUSS ÜBERALL REIN- KOMMEN."

BUTSCHE RAUCH

„ICH HALT MICH BEDECKT. WEIL ICH WEISS, WIE ES GEHT."

ANJA CHAMPAGNER

„ICH KNALL SCHON DINGE RAUS."

PROMI-WIRT **BUTSCHE RAUCH** ÜBER DISKRETION IN SEINEM OLD COMMERCIAL ROOM.
BUTSCHE RAUCHS LEBENSGEFÄHRTIN **ANJA CHAMPAGNER** ZUM GLEICHEN THEMA.

BUTSCHE RAUCHS OLD COMMERCIAL ROOM AN DER ENGLISCHEN PLANKE IST, IM SCHATTEN DES MICHELS, EIN ANZIEHUNGSPUNKT FÜR BUSLADUNGEN VOLLER TOURISTEN. UND FÜR EINE UNZAHL VON HAMBURGERN UND PROMINENTEN, DIE ES SICH IN EINEM TRADITIONSLOKAL GUT GEHEN LASSEN WOLLEN. DANK BUTSCHES LEBENS-GEFÄHRTIN **ANJA CHAMPAGNER** ENTDECKEN ZUNEHMEND AUCH JÜNGERE LEUTE DEN BESONDEREN CHARME EINES LADENS, DER WIE KEIN ZWEITER IRGENDWO ZWISCHEN BODENSTÄNDIGKEIT UND PROMISTATUS PENDELT.

ULLI MÜLLER: **Was mir bei meinen Recherchen über den OLD COMMERCIAL ROOM und seinen Wirt Butsche Rauch am meisten imponiert hat, ist erst mal gar nicht eure grandios besetzte Gästeliste. Sondern vielmehr der Satz: „Alles, was ich kann, hab ich von meinem Vater gelernt, dem Wirt mit dem großen Herzen."**

BUTSCHE: Mein Vater hatte seit 1945 Restaurationen gehabt. Ich war ein Kneipenkind. Also ich hatte im Grunde ein herrliches Leben. Ich kann mich noch erinnern, einen Sonntagmorgen beim Frühschoppen, ich war vielleicht 16 oder so. Ich sag: „Was trinkt ihr denn da?" „Wir trinken gelbe Brause mit Korn." „Ach", sach ich, „das schmeckt ja wie Wasser." Die haben immer vier Korn auf eine gelbe Brause getrunken. Ich sag: „Ich trink euch alle unter'n Tisch!" – und fall um. Das war's. Da hab ich gedacht, mein Gott, nie wieder Alkohol. Aber das hielt nicht lange vor. Man hat dann da drauf hintrainiert.

U. M.: **Man kann also sagen, dass dein Vater dein Lehrmeister war, und das in vielerlei Hinsicht. Hast du neben ihm gestanden am Tresen?**

BUTSCHE: Ab '67 hab ich die Gastronomie von meinem Vater gelernt, der mit harter Hand auf mich eingewirkt hat. Mein Vater, der Wirt mit dem großen Herzen, der war immer freundlich, hat immer für seine Bekannten und alten Freunde was ausgegeben, wenn die auch mal kein Geld hatten, und auch zu essen gab es dann für die, wenn die dann im Alter mal abgestürzt sind oder so, dann hat er gesagt: „Komm her, min Jung, setz dich dahin, in die Ecke, kriegst einen großen Teller Suppe". Das war schon eine Krumme, riesengroß, und so hat er sich auch um die Leute gekümmert.

„MEINEN LETZTEN URLAUB HABE ICH GEMACHT, DA GING ICH NOCH ZUR SCHULE, 1960."

U. M.: **Und noch was anderes hast du dir von deinem Vater abgucken müssen: den Fleiß.**

BUTSCHE: Das kann man sagen. Ich hab meinen letzten Urlaub gemacht, da ging ich noch zur Schule, 1960. Das war der letzte Urlaub, seitdem nicht mehr. In den Siebzigern habe ich jeden Tag gearbeitet. In den ganzen siebziger Jahren hatte ich keinen Tag frei. Ich hab da 16 Stunden hier am Tresen gestanden. Jeden Tag. Ich meine, andere sind schön in Urlaub gefahren, ich nicht.

U. M.: **Also der Ruf, ein Kultwirt zu sein, ist hart erarbeitet.**

BUTSCHE: Wenn ich an die ersten fünf Jahre hier denke, die waren sehr hart. Das war schon immer an der Grenze. Das war das Maximum. Man muss natürlich auch Glück haben.

ANJA: Und Charakter.

BUTSCHE: Und Glück gehört auch dazu.

U. M.: Und dazu braucht man ein Geschick im Umgang mit den Gästen. Ich frag mich das auch vor dem Hintergrund, dass ihr ja einen extrem erfolgreichen Laden habt. Und eure Stammgäste vermutlich alles andere als pflegeleicht sind. Man sagt ja, Geld macht nicht glücklich …

ANJA: Aber keins auch nicht!

BUTSCHE: Kein Geld macht auch nicht glücklich, das is so …

U. M.: … das stimmt, aber eure Gäste werden auch nicht wesentlich ausgeglichener sein als andere Gäste in anderen Lokalitäten in ärmeren Stadtteilen.

„KEIN GELD MACHT AUCH NICHT GLÜCKLICH."

ANJA: Also, wir haben mit Menschen zu tun, die sehr erfolgreich sind. Aber wir sind für alle gleich. Für alle. Ob das Helmut Schmidt ist oder Ralf Möller oder Don King oder der Müllmann. Zu allen gehen wir und sagen: „Guten Tag". Wir sind zu allen freundlich. Was wir selber denken, privat, das bleibt uns überlassen. Aber nach außen sind wir für alle gleich.

U. M.: Ist es manchmal nicht auch ganz schön nervig, wenn man tagaus tagein mit solchen Möchtegern-Leuten zu tun hat und sie bedienen soll?

ANJA: Na ja. Ich springe ja auch manchmal, wenn der Spüler nicht da ist, an die Spüle und stehe und scheuer die Pfannen. Und wenn der Hausmeister Urlaub hat, wer putzt den Laden? Ich. Die Leute, die mich nicht kennen, kommen rein und sehen mich unten den Boden scheuern, die gucken und sagen „Herr Rauch, sofort!" und denken ich bin eine Putzfrau. Das ist das, was ich hasse im Leben, dass die Leute solche Unterschiede machen. Wie gesagt, ob Helmut Schmidt oder Müllmann: „Guten Tag", weil die Putzfrau braucht man ja auch! Oder den Hausmeister. Aber man sieht das manchmal. Gott sei dank sind das nur wenige, aber ich habe das schon erlebt. Und wenn ich mich dann an den Tisch hingesetzt habe, dann wurden sie aber überrascht. Und die andere Dame im Anzug steht auf und fragt: „Herr Rauch, ist das Ihre Frau?" Und er sagt: „Meine Frau sitzt hier." Und ihr, die mich so abgestempelt hat, war das peinlich. Das habe ich gesehen und genossen. Ihre Peinlichkeit habe ich genossen. Weil dadurch lernt so eine Person vielleicht etwas.

U. M.: Das ist es also, was euren Erfolg ausmacht. Da ist das Sich-Kümmern um die Gäste, da ist der Fleiß, die Freundlichkeit, das Glück und die Haltung. Und wie ist es mit Flaggezeigen?

BUTSCHE: Gerade bei Beziehungskisten versuche ich mich immer neutral zu halten. Ich möchte nicht Partei ergreifen. Weil drei Tage später vertragen die sich wieder und dann sagt er: „Du, der Wirt da hat aber schlecht über dich gesprochen." Und dann sagt sie: „Gut, da gehen wir nicht wieder hin."

U. M.: Und dann bist du beide los.

ANJA: Wir versuchen immer, die wieder zusammenzubringen, ohne dass die das merken.

BUTSCHE: Heute schlagen sie sich. Und morgen sind sie wieder verliebt ineinander.

U. M.: **Aber das Erste ist ja, dass man zuhören muss. Auch wenn die lallen. Denn je mehr sie lallen, desto mehr erzählen sie auch.**

BUTSCHE: Ja, man muss zuhören können. Und das ist auch ganz interessant. Aber: besser nicht eingreifen da so intensiv.

U. M.: **Man muss also Diplomat sein als Wirt, man hält sich meistens raus. Lasst mich in dem Zusammenhang noch mal auf das Wort Wahrheit kommen.**

BUTSCHE: Nein, die Wahrheit darf man nicht immer sagen.

U. M.: **Nein?**

BUTSCHE: Nicht immer. Manchmal ist das ganz ungeschickt.

ANJA: Also, ich knalle schon Dinge raus!

BUTSCHE: Ich nicht, ich halt mich bedeckt, weil ich weiß, wie es geht: Der schimpft auf seine Frau, und zwei Tage später sind sie wieder ein Herz und eine Seele.

U. M.: **Aber es kann ja auch sein, dass man über Geschäftspartner redet oder dass man sagt, heute ist wieder das falsch gelaufen, jetzt läuft das wieder nicht, ich bin gestresst, und so. Gar nicht so private Sachen.**

BUTSCHE: Da schimpf ich dann mit. Das kenn ich auch, sag ich.

ANJA: Hier herrscht aber auch Schweigepflicht.

BUTSCHE: Vor allem, wenn einer dir was erzählt hat, dann sagen wir nicht gleich, wenn der draußen ist: „Du, weißt du was, der hat blablabla …"

ANJA: Nee, das machen wir nicht.

BUTSCHE: Nein, das geht gar nicht. Man muss schon wie so ein Anwalt sein, mit Schweigepflicht. Nicht viel reden über die Gäste.

ANJA: Wie in einer Arztpraxis, behalten und nicht weitergeben.

„WIR SIND EBEN DAS DEUTSCHE KNACKWURST-LAND."

BUTSCHE: Es kommen ja verschiedene Leute mit Frauen. Aber nicht mit den eigenen. Die würden ja nicht kommen, wenn wir da palavern würden drüber.

U. M.: Also der Wirt als diskreter Gastgeber, der alle Wünsche erfüllt. Wie weit geht das denn?

ANJA: Für Kate Hudson mussten wir Würstchen holen. Die wollte Sauerkraut mit Würstchen. Sauerkraut hatten wir. Würstchen mussten wir holen. Haben wir gemacht. Von der Tanke.

BUTSCHE: Genauso der Fujiorama, der Präsident da von Chile oder Peru oder was, der auch. Kommen mit zwanzig Leuten. Und alle bestellen Seezunge, nur er will Würstchen. Wir sind eben das deutsche Knackwurstland.

ANJA: Ja, das Leben hier ist sehr, sehr interessant. Wir haben so unterschiedliche Gäste. Die GSG 9 hat auch einen Stammtisch hier. Manche Staatsanwälte kommen und sagen: „Komm, gib Champagner, ach nee, Champagner ist zu teuer." Und ich sag: „Ja, ja, du als armer Staatsanwalt verdienst nicht so viel." Und dann sag ich also: „Schenk ein." Und dann trinken wir.

U. M.: **Ja, das ist die eine Seite. Und dann gibt's ja auch noch eine andere, bestimmt. Schließlich sind wir nur einen längeren Steinwurf vom Kiez entfernt …**

ANJA: Ja, es gibt auch die guten Jungs, die kommen sehr gerne hier essen, und wenn Fußball ist, dann gucken sie hier auch schon mal Fußball. Wir sind für alle gleich. Aber nun sitzen die Jungs unten und essen Roulade oder Eisbein oder was die gerne essen. Und dann kommen meine Freunde vom LKA hier oben in die Raucher-Lounge. Und dann kommt mein Kellner und sagt: Die Jungs wollen nach oben, Fußball gucken. Und ich sag: „Das geht überhaupt nicht. Hier sind meine Freunde vom LKA. Und da sind die guten Jungs vom Kiez, das geht überhaupt nicht." Und dann frag ich die einen, ob sie schon mal den Michel gesehen haben, aus dieser Perspektive aus unserem Senatszimmer, und die sagen: „Nö". Und so hab ich die jongliert. Und das ist auch eine Kunst.

„ICH HABE KEINE ANGST VOR'M FLIEGEN, ICH HAB ANGST VOR'M ABSTURZ."

U. M.: **Und was machst du, wenn gar nichts mehr geht?**

ANJA: Wenn nichts mehr geht, sach ich: So, ich muss jetzt schlafen, und das verstehn dann alle.

U. M.: **Zum Schluss für heute wünsch ich mir noch ein letztes wahres Wort von Butsche Rauch. Deine Frau behauptet ja, du seist ein Weiser, ein Mensch voller Weisheiten. Dann lass doch bitte noch mal eine raus!**

BUTSCHE: Das mit der Weisheit kommt im Alter automatisch.

ANJA: Aber nicht bei allen! Ich kenne auch andere ältere Menschen.

BUTSCHE: Man sagt heute manchmal Sachen, die man früher nicht gesagt hätte.

U. M.: **Zum Beispiel?**

BUTSCHE: Wenn es um Ausflüge geht, dann sag ich, ich hab keine Zeit, ich mag auch nicht gerne fliegen. Das heißt, ich habe keine Angst vor'm Fliegen, ich hab Angst vor'm Absturz.

ANJA: Ich auch.

BUTSCHE: Vor'm Absturz, weil man dann zu Hause nix geregelt hat. Weil das kommt ja überraschend, so ein Absturz.

ANJA: Es kommt sowieso irgendwann …

BUTSCHE: Nee, aber wenn ich nicht flieg, dann kommt auch kein Absturz.

U. M.: **Es gibt ja auch die kleinen Abstürze …**

BUTSCHE: Aber die verdaut man ja im Grunde schnell. ●

„WENN ICH WEISE WÄRE, WÄRE ICH KEIN WIRT."

KLAUS SCHARF, INHABER DER <u>NA UND? BAR</u>, MIT DER IHM EIGENEN BESCHEIDENHEIT ÜBER SEIN SELBSTVERSTÄNDNIS.

KLAUS SCHARF IST UNS WEGEN SEINES LOSEN MUNDWERKS EMPFOHLEN WORDEN. ER BETREIBT DIE NA UND? BAR SEIT EINEM VIERTELJAHRHUNDERT DORT, WO SANKT PAULI LANGSAM IN DIE SCHANZE ÜBERGEHT. ES GIBT VIELE LEUTE, DIE BEHAUPTEN, DIE BAR SEI EINE KNEIPE FÜR SCHWULE UND LESBEN. KLAUS FINDET DAS IRGENDWIE BLÖD.

„SEID IHR NICHT GANZ DICHT?"

KLAUS: Trink mal Grüne Scheißwichse. Das ist doch was.

ULLI MÜLLER: **Wie bitte?**

KLAUS: Grüne Scheißwichse.

U. M.: **Hört sich lecker an.**

KLAUS: Am Anfang hab ich die Mischung einfach nur Grün genannt. Ich hab ja viele Studenten. Und die fragen: „Was ist denn da drin?" Dann red ich, wie ich denke. Ich sag: „Da hab ich reingewichst." Und nun gibt es eine Clique, die sagt dazu Grüne Wichse. Und dann die anderen, die sagen immer Grüne Scheiße. Also hab ich das zusammengefasst. Jetzt hab ich Grüne Scheißwichse draufgeschrieben. Und das läuft sehr gut! Donnerstags, freitags, samstags so vier bis fünf Flaschen. Die Studenten haben das jetzt ins Internet reingesetzt. Weil hier auch ein Kotzbecken ist. Kotzbecken und Grüne Scheiße. Das haben die so ins Internet rein.

U. M.: **Du hast ein Kotzbecken hier im Laden?**

KLAUS: Ja. Auf dem Männerklo.

U. M.: **Und bei den Mädels?**

KLAUS: Die dürfen nicht kotzen.

U. M.: **Und wie lange machst du das jetzt schon so hier?**

KLAUS: 24 Jahre lang.

U. M.: **Und du hast die ganze Nacht auf?**

KLAUS: Nadine macht, wenn viel zu tun ist, um sechs zu. Aber um sechs komm ich selber nicht raus. Bei mir ist das anders. Jetzt Donnerstag auf Freitag war ich bis um zehn morgens da, das ging. Aber Freitag und Sonnabend, die beiden Tage geht es manchmal bis elf, zwölf Uhr mittags.

U. M.: **Du arbeitest von 20 Uhr abends bis um zwölf mittags? Und bist dabei immer allein hinter'm Tresen?**

KLAUS: Zu zweit würde ich nicht vorwärtskommen. Da musst du eingespielt sein, sonst geht das nicht. Wenn du jahrelang zusammenarbeitest, eingespielt bist, dann geht das. Aber so nicht.

U. M.: **Aber du machst dann zwischendurch auch ein paar Tage Pause?**

KLAUS: Ja, sonntags hab ich geschlossen. Und Montag, Dienstag, Mittwoch mach ich jetzt immer frei. Da trink ich auch nichts. Nee, schaff ich. Dann rauch ich auch nicht, beides. Aber dann fang ich Donnerstag wieder an wie so ein Geisteskranker. Ich kann das eben nicht immer ertragen. Da muss ich schon was getrunken haben.

U. M.: **Was kannst du nicht ertragen?**

KLAUS: Gäste, die nerven. Dann muss ich schon einen drin haben, damit ich das ertrage. Dann geht das. Ich hab zum Beispiel einen, der ist Maler. Der hat mir vor zwei Jahren die Wände gemacht. Hat er gestrichen hier. Nur die Wände. Jetzt erzählt der jedes Mal davon, das ist zwei Jahre her, das erzählt der immer noch. Jedes mal die gleiche Scheiße. Der redet nur von Malerarbeiten, was anderes kann der gar nicht. Und das muss ich mir dann

„INA, SEI VORSICHTIG, DER HAT NICHTS IN DER HOSE."

immer anhören. Als ersten Gast! Dann hau ich ab, ich sag: „Ich hab da noch was zu tun." Dann schreit der so laut, da kann ich auch gleich hier sitzen bleiben.

U. M.: **Das kann ich mir schon vorstellen, dass das nervt.**

KLAUS: Ich trink auch ganz schön viel mit, so ist das nicht.

U. M.: **Weil es manchmal ganz schön hart hergeht?**

KLAUS: Wenn hier vorne einer blöd sabbelt, kannst du dich verpissen. Aber manchmal ist es auch zu spät. Vergangene Woche hab ich ein Glas an den Kopf gekriegt. So eine blöde Frau kam schon besoffen rein und hat dann noch drei Whiskey getrunken. Nee, vier! Und dann sagt sie auf einmal, dass sie kein Geld mithat. Da sag ich: „Du kriegst nichts mehr." Da hat die alles genommen, was hier vorne war, und rüber geschmissen. Und ein Glas hab ich hier vorne abgekriegt. Schon wieder eine scheiß Narbe.

U. M.: **Ich dachte, Frauen sind nicht aggressiv?**

KLAUS: Wenn die besoffen sind, sind die schlimmer als Kerle.

U. M.: **Warum gehen die überhaupt in so eine Kneipe?**

KLAUS: Nicht alleine sein. Oder einen saufen. Kontakt finden sie hier schnell.

U. M.: **Und du bist dabei der Kuppler?**

KLAUS: Manchmal ja. Weißt du, was ich immer so schön finde? Ich hab verschiedene Frauen hier am Tresen, die erzählen mir jedes Mal, wie das war, wenn sie hier einen mitgenommen haben, einen Typen. Die erzählen mir ganz genau, wie es war. Bei dem einen sagt sie: „Der war ja lieb und nett, aber mit so einem kleinen Ding kann ich nichts anfangen. Der kommt nicht noch mal in Frage." Wenn der dann wieder hier sitzt und was Neues aufreißt, dann muss ich immer lachen. Das finde ich witzig. Den kannst du dann ja nicht weiterempfehlen, wenn der so eine kleine Rolle Drops hat. Das ist doch scheiße. Wenn die nächste ihn dann mitnehmen will, sag ich: „Ina", sag ich „sei vorsichtig, der hat nichts in der Hose."

U. M.: **Du machst hier also von Zeit zu Zeit den Kuppler. Und manchmal auch den seelischen Mülleimer?**

KLAUS: Ja, das ja. Meine eine Schwester ist Sozialpädagogin. Die muss auch immer zuhören. Ich sag dann: „Siehste, geht mir genauso. Du hast zwar studiert. Und ich bin nur hinter'm Tresen. Aber zuhören müssen wir beide."

U. M.: **Du bist also Ratgeber, seelischer Mülleimer, Kuppler. Und Therapeut bist du auch?**

„DU HAST STUDIERT. UND ICH BIN NUR HINTER'M TRESEN. ABER ZUHÖREN MÜSSEN WIR BEIDE."

KLAUS: Notgedrungen. Wenn die am Boden zerstört sind. Der eine neulich, dem haben sie die Wohnung gekündigt, so ein Scheiß, da musst du doch Ratschläge geben irgendwie.

U. M.: **Es heißt ja auch, die NA UND? BAR sei eine Schwulenkneipe.**

KLAUS: Hier kommt alles gemischt.

U. M.: **Es liegt offensichtlich Erotik in der Luft. Also mit der Erwartung kommt man …**

KLAUS: … ich glaube, das hängt mit dem Namen zusammen, „Na und?". Also ich hab alles hier drinnen. Das finde ich auch schön. Und die kommen alle wunderbar klar. Kein Thema. Zum Beispiel hatte ich da sechs Jungs sitzen, das waren Dänen, die waren so Anfang zwanzig. Hier vorne war eine Frau, die ist da rübergegangen und hat doch Stück für Stück, wo alle zugucken konnten, denen einen geblasen.

U. M.: **Das ist hier ja die reine Erlebnisgastronomie.**

KLAUS: Ja. Oder morgens zum Schluss, steht ein Pärchen hinter der Tür. Ich hatte meine Kasse

„DA STANDEN DIE HINTER DER TÜR UND HABEN GEBUMST."

schon so weit fertig und dachte, ich warte noch ein bisschen. Und dann war es mir aber zu blöd. Gläser waren auch schon fertig. Da hab ich die Tür aufgerissen. Da standen die doch hinter der Tür und haben gebumst! Und dann sagt der Typ mit nacktem Arsch, hat die Tür an' Arsch gekriegt: „Jetzt ist er drin! Klaus, einen kleinen Moment hast du noch Zeit, oder?" Ich sag: „Ja." Oder vor etwa zwei Jahren, morgens der letzte Gast, das war eine Frau, die ist rausgegangen, das war so fünf,

halb sechs um den Dreh. Kommt so ein kleiner Typ rein, ich bin ja auch klein, aber der war noch kleiner. „Kann ich noch Zigaretten ziehen?" Ich sag: „Ja." Obwohl draußen, ich hab das gar nicht geschnallt, ich war schon angedüst, draußen hab ich auch Zigaretten. Ich sag: „Na, dann zieh mal." So, die Frau ist gegangen, ich steh da vorn im Eingang und wollt abschließen, kommt einer mit einer Maske rein. So mit Kapuze runter, zwei Schlitze drin. „Das ist ein Überfall!" Mit Pistole. Ich sag noch: „Nun spinn mal nicht rum." Aber das war wirklich ein Überfall. War das ganze Geld weg, scheiße.

U. M.: **Also beschützt dich hier keiner.**

KLAUS: Nö. Haben sie mal versucht. Vier, fünf Jahre her. Schutzgeld wollten sie haben hier. „Seid ihr nicht ganz dicht?", sag ich, „dann hab ich gar nichts mehr. Gar nichts geb ich raus!" Also sind die gegangen. Obwohl ich selber Schiss hatte. Die sind auch nicht wiedergekommen.

U. M.: **Was ist denn deine Lieblingsrolle da hinter'm Tresen, was machst du denn am liebsten?**

KLAUS: Saufen! Nee, Quatsch. Wenn sie alle nett sind und sich vertragen. Teilweise, wenn ich den Spruch immer höre: „Wer nichts wird, wird Wirt." Dann sag ich: „Stell dir das mal nicht so einfach vor." Was sollst du sonst auch dazu sagen.

„WEISE IST EIN BLÖDES WORT."

U. M.: **Du machst das nun seit 24 Jahren. Denkst du manchmal ans Aufhören?**

KLAUS: Nö, Bock hab ich nicht aufzuhören. Teilweise sag ich zwar immer: „Scheiß Puff!", wenn es mir schlecht geht und nachmittags der Wecker geht. „Scheiß Puff!", wenn ich dann zu viel gesoffen hab. Aber wenn ich dann erst gebadet hab und so, langsam, und bin wieder hier drin, dann ist alles ok. Ist komisch, oder?!

U. M.: **Erzählst du am Tresen auch manchmal von deinen eigenen Sorgen?**

KLAUS: Ja, ab und zu mal. Aber im Grunde sind die dann gar nicht bei der Sache, wenn ich mal irgendwie Scheiße hab. Hab ich ja auch mal! Ich kann ja nicht ohne Scheiße hier rausgehen. Ich hab ja auch mal Probleme. Aber da hast du mehr die Frauen, die zuhören können. Die Männer nicht so. Hauptsache, die werden ihren Kram los. Ich sag dann manchmal: „So, nun bin ich vielleicht mal dran!" „Ja, ja …" Und dann merk ich schon, wenn sie „Ja, ja!" sagen, dann hör ich auf mit der Scheiße. Dann sag ich gar nichts mehr. Interessiert die gar nicht. Was ich mach, wollen die gar nicht wissen.

U. M.: **Einbahnstraße.**

KLAUS: Richtig. Oder Sackgasse. Wie auch immer. Das ist halt so.

U. M.: **Beschäftigt dich das am nächsten Tag noch, was sie dir in der Nacht erzählt haben?**

KLAUS: Ja, das habe ich oft. Dann dreht sich die ganze Scheiße zurück. Wenn die so privat richtig Schwierigkeiten haben, das tut mir dann auch weh irgendwo.

U. M.: **So nah ist der Kontakt, so intensiv?**

KLAUS: Guck mal, ich hab zum Beispiel einen, der säuft sehr viel. Dann hat er noch einen Schlaganfall gehabt, ok, gut. Der fällt immer vom Hocker, wenn er ein paar Bier hatte. Und der tut mir immer so leid. Dem bring ich immer Klamotten mit. Ich hab sehr viel Klamotten, was ich dann nicht mehr anziehe. Ich sag: „Winnie, kriegst du!" Und der trägt das auch. Das finde ich schön.

U. M.: **Fühlst du dich als Held der Nacht?**

KLAUS: Hundert pro nicht! Nee. Das ist nicht mein Ding. Das find ich ganz komisch irgendwie. Und was ich auch nicht abkann, wenn manchmal so Leute reinkommen, die dann „Sie" zu mir sagen. Das hasse ich so. Hier sagt keiner „Sie" zu mir! Neulich auch so ein Ehepaar: „Sie, Herr Klaus!" Ich sag: „Oh Gott, ich hasse das." Dann haben sie ein paar Grüne getrunken, das schmeckte, die haben so richtig schön gesoffen. Und nachher hat sie automatisch „Du" zu mir gesagt. Fand ich auch gut.

U. M.: **Glaubst du eigentlich, dass man als Wirt mit der Zeit weise wird?**

KLAUS: Weise, ich weiß nicht, ich finde das ist ein blödes Wort. Weise? Dann wäre ich ja kein Wirt, wenn ich weise wäre, so gesehen. Passt ja wieder nicht. ●

„HIER SAGT KEINER ‚SIE' ZU MIR."

„NIGHT-BUSINESS IST IMMER EIN BATTLE DARUM, WER DER COOLERE IST."

JÖRG MEYER AUS DER COCKTAILBAR LE LION ÜBER SEINEN UMGANG MIT GELTUNGSSÜCHTIGEN GÄSTEN, DIE SO TUN, ALS GEHÖRTE DIE BAR IHNEN.

JÖRG MEYER IST BAR-OWNER VOM EDLEN LE LION IN DER HAMBURGER INNENSTADT. EINE PINA COLADA SUCHT MAN AUF SEINER COCKTAILKARTE EBENSO VERGEBLICH WIE EIN PREISLICHES LIMIT. UND WAS NOCH BESONDERS IST: BEVOR BEI IHM DIE KASSE KLINGELT, KLINGELN ERST EINMAL DIE GÄSTE.

ULLI MÜLLER: Im LE LION ist anscheinend nicht jeder erwünscht. Denn bevor man hier eingelassen wird, steht man erst mal vor einer verschlossenen Tür und muss klingeln.

JÖRG MEYER: Der Gedanke dabei ist eher ein anderer. Das verwirrt die Gäste oft. Kaum sehen sie eine Klingel, denken sie: „Oh, es gibt einen Dresscode." Gibt es aber nicht! Everybody is welcome. Wenn jemand im Muskelshirt ankommt, leihen wir ihm vielleicht kurz eine Jacke. Aber ansonsten ist hier wirklich jeder herzlich willkommen. Diese Klingel hat eher einen anderen Effekt, der damit spielt, was in den Köpfen der Gäste vorgeht. Das ist ja gerade auch bei Ihnen passiert. Hinzu kommt: Durch die Klingel an der Tür haben wir eine starke Selektion – ohne dass wir irgendetwas dafür tun müssen. Nur bei den Gästen selbst passiert sehr viel.

U. M.: Sie haben also keine Türsteher, die gewisse Personen nicht reinlassen?

JÖRG MEYER: Also wir stellen uns nicht hin und sagen: „Herr Müller, ich glaube, wir heute nicht." Was wir allerdings machen – wir sind sehr klein. Wir haben 35 Plätze. Von daher lautet unsere Türpolitik: Wenn es voll ist, ist es voll. Wenn zu viele hier sind, kippt die Stimmung, und der Service kann seinen Level nicht mehr halten. Die einzige Tür, die wir wirklich haben, sind die wenigen Plätze.

U. M.: Im Zusammenhang mit Ihrer Person stößt man immer wieder auf den Begriff „Old School". Was gehört denn zu diesem Konzept noch dazu?

JÖRG MEYER: „Old School" ist ein Trend, der in unseren Kreisen zur Zeit ziemlich ausgeschlachtet wird. Inzwischen machen es sehr viele. Deswegen wollen wir uns auch nicht zu sehr in diese Ecke stellen. Aber die Idee hinter dem Begriff „Old School" ist für uns richtig. Die Initialzündung für diesen Trend lieferte ein sehr eigenwilliger Mensch, Sasha Petraske, im Jahre 2000 in New York. New York ist eigentlich immer die Impulsstadt für Bars. Sasha Petraske hat dort eine sehr kleine Bar eröffnet, war aber an sich überhaupt kein erfahrener Barkeeper. Er hat dann aber jemanden kennengelernt: Dale DeGroff, einen sehr alten Barkeeper, der in unserer Branche Legenden geschrieben hat. Von dem hat er alte Barbücher bekommen, und die haben sich ausführlich darüber unterhalten. Dieser Sasha hat dann eine ganz lustige Sache gemacht: Er hat die Bücher für bare Münze genommen: „So wie das da drin steht, machen wir das!" Er hat alte Zutaten versucht, die vorher schon lange

„WENN ES VOLL IST, IST ES VOLL."

nicht mehr verwendet wurden. Früher hat man sich zum Beispiel sehr viel Gedanken über Eis gemacht, einfach weil es keine Eismaschinen gab. Man benutzte Eisblöcke. Er hat dann verschiedene alte Techniken wieder aufgegriffen, das Eis kleinzumachen und zu pflegen. Hinzu kam, dass er sehr, sehr klassische Rezepte benutzt hat, die man eigentlich seit 20, 30 Jahren nicht mehr gemacht hatte.

U.M.: **Was macht denn ein klassisches Rezept aus?**

JÖRG MEYER: Ein Classic Cocktail ist ein Drink, der nur aus zwei, drei Schlücken besteht. Es ging nicht um Cocktails mit

„ICH WÜRDE GERNE SAMSTAGS ZUMACHEN."

Saft. Ich glaube, er hat am Anfang nur zwei Säfte gehabt: frischen Zitronen- und frischen Limettensaft. Es ging darum, Alkohol als Genuss zu definieren. Und zwar so, dass der Alkohol dominant ist. Und er hat dafür gesorgt, dass es immer die beste Qualität war – ohne dabei diesem Premiumhype hinterherzujagen.

U.M.: **Old School bedeutet also Drinks so anzubieten, wie sie in den zwanziger und dreißiger Jahren gemixt wurden …**

JÖRG MEYER: Ja, aber das ist nur der eine Teil. Es geht noch um mehr. Früher gab es diesen Speak-Easy-Charakter. Das heißt, zu Zeiten der Prohibition durfte da und darüber nur leise geredet werden, weil die Bars offiziell ja gar nicht existierten. Deshalb konnte man viele der Bars auch sehr schlecht finden. Die Telefonnummer tauschen gehörte auch dazu. Und das hat dieser Sasha Petraske ebenfalls mit aufgegriffen. Wenn auch etwas unfreiwillig. Für seine Bar wurde nur Mund-Propaganda gemacht, es gab keine Werbung. Er hat einfach einen guten Job gemacht für Leute, die Lust hatten, gute Drinks zu trinken. Die nicht für die ganzen Celebrities, für's Nightlife, für's Sehen und gesehen werden in Bars gegangen sind. Damit war er zu der Zeit einzigartig. Berühmt gemacht hat ihn dann, dass er Quentin Tarantino aus seiner Bar geschmissen hat, weil der sich nicht benehmen konnte. Das hatte auch etwas mit Old School zu tun. Er hatte zehn Hausregeln, die am Anfang nicht ganz ernst gemeint waren. Er hat mit dieser alten Zeit kokettiert. Er hat gesagt: Wenn Männer in die Bar kommen, müssen sie ihren Hut abnehmen. Männer dürfen auch keine Frauen ansprechen, also man darf niemanden anbaggern. Und nach dem Rausschmiss von dieser Hollywoodgröße, der ein großes Presseecho fand, war der Laden relativ angesagt.

U.M.: **Lassen Sie mich noch mal auf die Selektion zurückkommen …**

JÖRG MEYER: Ich möchte bei uns einfach gute Gäste aus aller Welt in einer guten, gepflegten Atmosphäre. Wir spielen Samstagabend z.B. keine laute Musik. Deshalb ist es auch eine Schande, dass wir plötzlich in irgendwelchen Führern stehen. Das setzt einen Prozess in Gang, an dessen Ende Gäste bei uns auftauchen, die hier nicht hinpassen. Die unser Konzept nicht kennen. Die haben im Kopf ein ganz anderes Feature von Bar. Die wollen in eine coole Bar in Hamburg und ein paar Mädels kennenlernen. Samstags ist es deshalb sehr anstrengend. Ich würde samstags gerne zumachen. Da kommen dann die ganzen Gäste, die von uns gelesen haben.

U.M.: **Wenn es Ihnen nicht um die Schickeria geht und auch nicht um die Touristen, wen wollen Sie dann als Gast?**

JÖRG MEYER: Unser Konzept erfordert eine gewisse Kennerschaft bei den Gästen. Es gibt zum Beispiel immer wieder Leute, die erstaunt sind, dass wir kein Wodka Red Bull haben. Ich könnte denen sagen, dass ich das Getränk asozial finde, weil es dabei nicht um Genuss, sondern um Wirkung geht. Die Wirkung des Alkohols soll durch den Energiedrink beschleunigt werden. Und das Ganze schmeckt dann wie erbrochenes Gummibärchendestillat. Das würde ich allerdings so keinem Gast sagen. Ein Gast ist immerhin ein Gast und soll auch so behandelt werden.

U. M.: **Und was gehört für Sie dazu?**

JÖRG MEYER: Ich sag mal so: Am Ende des Tages ist vor allem wichtig, dass der Gast sich wohl-fühlt. Das klappt am besten, wenn man sich mit ihm unterhält und sich für ihn interessiert. Aber man muss sehr auf-passen und Grenzen ziehen – eine Etikette halten. Das passt sonst auch nicht zu meinem Konzept. Wenn es zu jovial wird, ist man schnell der Sklave seiner Gäste. Das ist z.B. etwas, was ich auf dem Land gelernt habe. Da wird es sehr schnell sehr eng, weil man seine Gäste auf Lebzeit hat.

„WENN ES ZU JOVIAL WIRD, IST MAN SCHNELL DER SKLAVE SEINER GÄSTE."

U. M.: **Auf dem Land?**

JÖRG MEYER: Na ja, ich führe eine Art Doppelleben. Die Gastronomentätigkeit hier in Hamburg mit der Bar, so kennen mich die meisten. Dann haben wir in Niedersachsen noch einen alten Familienbetrieb. Das ist ein Landgasthof. Meine ganze Familie ist sehr gastronomisch. Da musste ich halt auch von Anfang an nebenbei mitarbeiten. Dabei hab ich gelernt, wie es ist, wenn man den Leuten permanent ausgesetzt ist. Man muss lernen, Gespräche zu führen. Das fehlt vielen. Das sagt Stefan Gabanyi, der Barchef aus dem „Schumann's" in München, ein sehr erfahrener Typ: „Die neuen Mixologen können zwar super Drinks rühren, aber denen fehlen die fünf Jahre in der Kneipe."

U. M.: **Man kann also im Landgasthof für ein Leben als Barbesitzer lernen?**

JÖRG MEYER: Klar. Ganz sicher. Also, da ist als Wichtigstes einfach die Freude am Gastgeben. Am Ende des Tages ähneln sich viele Dinge, natürlich in anderer Bespielung. Das eine ist wirklich sehr, sehr rustikal und erfüllt alle Klischees. Aber ich mach es trotzdem sehr gerne. Wir versuchen auch in beiden Konzepten eine gewisse Authentizität zu wahren. Also „Stram-mer Max", sprich ein Schwarzbrot mit Schinken und Spiegelei, dazu ein ehrliches Bier: Das finde ich super. Schwierig finde ich in einem Landgasthof „Pasta al fredo" oder bestimmte Getränke. Es gibt Getränke, die sind einfach urban. Auf den Bällen oder Hochzeiten im Land-gasthof würde ich nie einen Manhattan oder Martini anbieten. Das sind Getränke, die eine gewisse Stimmung benötigen. Trotzdem bringen wir aber auch manch interessanten Input von hier mit. Wir haben zum Beispiel in Hamburg einen Drink kreiert, den Gin Basil Smash. Das war ein Sommerdrink, ein Classic. Smash ist eine uralte Rezeptur, und wir haben dann einfach Minze durch Basilikum ersetzt. Das war so das Moderne darin. Das haben wir in Niedersachsen anders adaptiert und machen dort sehr erfolgreich eine Basilikum-Limonade. Die Idee ist ja die gleiche.

U. M.: **Gibt es noch mehr Gemeinsamkeiten zwischen Landgasthof und Nobelbar?**

JÖRG MEYER: Ich finde, man muss sich immer wieder vor Augen halten, dass wir auch als Caterer bzw. als Gastgeber auf dem Landgasthof für die Leute einen extrem wichtigen Tag inszenieren. Eine Goldene Hochzeit zum Beispiel. Ich mache das nun jeden Tag. Da besteht schon die Gefahr, betriebsblind zu werden. Aber ich finde, man darf es sich nicht erlauben, so einen Tag zu versauen. Deshalb probiere ich auch immer mal wieder etwas Neues aus oder nehme Einflüsse aus Hamburg für Buffets mit nach Niedersachsen. Und diese Arroganz, die viele Kollegen haben: „Eh, jetzt machen wir hier schnell den Schicken." Also dieses Ober-flächliche, da werde ich nervös, das kann ich nicht ab.

U. M.: **Sie catern, Sie stehen hinter dem Tresen und sind gleichzeitig der Inhaber vom LE LION. Wie ist denn jetzt Ihre Berufsbezeichnung?**

JÖRG MEYER: Wenn ich eine Lebensversicherung abschließe, dann ist sie Kaufmann. Dann sind die Raten besser. Es kommt drauf an: In Niedersachsen würde ich mich Wirt nennen. Hier in Hamburg wahrscheinlich Barkeeper oder Bartender, in Amerika wäre ich der Bar-Owner.

U. M.: **Ich frage deshalb, weil sich viele unserer Gesprächspartner vehement geweigert haben, sich als Wirt bezeichnen zu lassen.**

JÖRG MEYER: Ich find das nicht weiter tragisch. Meine Berufsbezeichnung, als ich nach Hamburg kam – okay, das hatte sich gerade geändert –, war Restaurantfachmann. Früher hieß das Kellner. Das war ungefähr so wie Putzfrau, und wie heißt das jetzt? Facility-Assistent? Das fand ich immer ein bisschen affig. Bei diesen jährlichen Abiturnachtreffen kam immer die Frage: „Was studierst du?" Ich sag dann immer: „Ich arbeite als Kellner." „Ja, aber was studierst du denn?" Es war immer ein großer Spaß zu sagen: „Ich bin Kellner." Ich fand es netter als Restaurantfachmann, weil das Entsetzen noch größer war: „Wie? Du bist Kellner?" – „Ja, das kann man lernen!" – „Was willst du denn da lernen?"

U. M.: **Gute Frage. Wie schafft man es denn, König der Mixer zu werden und Besitzer einer der fünf besten Bars der Welt? Woher kommt die Inspiration?**

JÖRG MEYER: Bei mir ist es so: Wenn irgendwo eine neue Bar aufgemacht hat in NY oder Japan, dann fliege ich da zum Beispiel hin, um mir das mal anzugucken. Und sei es nur für einen Tag. Man schaut dann: Was machen die da anders? Und so lernt man natürlich sehr viele Leute kennen. Also wenn's geht, dann reise ich viel, und ich glaube, das trägt dazu bei. Das hat aber auch etwas mit Leidenschaft zu tun: das Interesse für alte Rezepturen und Barbücher. Ich hatte zum Teil die alten Bücher, dann fing es um 2000 an, auch andere zu interessieren, und plötzlich sind die Preise explodiert. Ich habe gehört, das und das Buch soll cool sein, das war von 1930, von 1920, mal gucken. Auf eBay

„AM ENDE DES TAGES IST DAS EIN SPIEL."

hat man früher 100 Euro bezahlt, dann auf einmal 1000 Euro. Über die Jahre habe ich so ein Interesse für die Geschichte der Bar, Schwerpunkt amerikanische Bar vor 1800, und für alte Drinks entwickelt. Ich habe mich wirklich dafür interessiert, warum man 15 verschiedene Cocktail-Bitters braucht.

U. M.: **Summa summarum ist das Ganze hier doch eher eine elitäre Veranstaltung. Alleine schon wegen der gesalzenen Preise. Wie kommen Sie denn mit der entsprechend zahlungskräftigen Klientel und ihren vermeintlich starken Egos klar?**

JÖRG MEYER: Night-Business ist immer ein Battle darum, wer der Coolere ist. Ist es die Bar oder der Gast? Wenn der Gast der Coolere ist, weil er vielleicht den Tausender rausholt für den Champagner, dann ist das okay. Hat er gewonnen. Wenn wir die Cooleren sind: super! Am Ende des Tages ist das ein Spiel. Außerdem fühlen sich Poser hier nicht wohl. Das ist hier keine Bühne für die. Dafür ist es zu klein. ●

„BESCHIMPFE DEINE GÄSTE – UND SIE LIEBEN DICH."

KARL ROSCHINSKY ÜBER DIE TATSACHE, DASS DU ALS ANGESAGTER WIRT MACHEN KANNST, WAS DU WILLST. UND DAS VOLK TOBT IMMER.

MILLERNTOR BRIGADE
SNIPER.de
-METAL
AMBEK
Ihrn Trommler war hier...
LEMBEK
NEKTAR 007
CORDRAUSCH
www.tiefschlag.net
EVERDEAD.DE
www.last-sun
27.10.
RAMONE
THE USED '79
TIMO M
DURACELL
JABIN '09
CRFB

DASS **KARL ROSCHINSKY** IN DER GASTRONOMIESZENE BEKANNT IST WIE EIN BUNTER HUND, KOMMT NICHT VON UNGEFÄHR. DENN KARL HAT NICHT NUR DEM ROSCHINSKY'S AUF DEM HAMBURGER BERG SEINEN GUTEN NAMEN GEGEBEN, SONDERN INSGESAMT MEHR ALS 30 KNEIPEN GEMACHT ODER ALS ANGESTELLTER GEFÜHRT. HEUTE ARBEITET KARL, DER IN DEN SIEBZIGERN DIE LEGENDÄRE HIPPIE-DISKO AÜENLAND ERFAND, FÜR'S KNUST, MIT SEINEN EIGENEN WORTEN ALS „KLEINER KELLNER", „ÄLTESTER PRAKTIKANT" UND „FLOHMARKTJUNGE".

ULLI MÜLLER: **Karl, man mag es gar nicht glauben, aber eigentlich wolltest du nie Gastwirt werden:**

KARL: Meine Eltern waren Gastwirte. Ich hab lieber Fußball gespielt, leistungsmäßig. Ja, ich hatte sogar eine Einladung als Fünfzehnjähriger zu einem Lehrgang der Jugendnationalmannschaft nach Barsinghausen. Dann ist mein Vater leider gestorben, und ich habe mich für Sex, Drugs und Rock'n'Roll entschieden anstatt für Leistungssport. Einer der größten Fehler meines Lebens.

U. M.: **Musstest du bei euch zu Hause in der Kneipe mithelfen?**

KARL: Mein Vater war ein großer Pädagoge, der größte, den ich je kennengelernt habe, obwohl er das Wort Pädagoge wahrscheinlich nicht kannte. Ich habe nie Taschengeld gekriegt, musste mir immer alles erarbeiten. Unter anderem Sonntag morgens die Toiletten sauber machen. Und Toiletten sauber machen war für mich irgendwie gleichbedeutend mit Bier trinken. Deshalb habe ich in meinem ganzen Leben vielleicht höchstens eine halbe Kiste Bier getrunken. Ich mag das Zeug nicht.

U. M.: **Heißt das, dass du überhaupt nichts trinkst?**

KARL: Doch, ich hab später einige Tanklastzüge Fernet Branca und Jägermeister vernichtet. Aber bis 26 keinen einzigen Tropfen.

U. M.: **Und war der Vater ein vorbildlicher Wirt?**

KARL: Der beste. Also, wenn bei uns jetzt neue Leute anfangen, sag ich ihnen immer: Leute, es gibt so drei, vier Gesetze, die mein Vater mir mal beigebracht hat. Erstens: Der Gast hat ein Recht auf ein Bitte und ein Danke. Und auf Blickkontakt. Zweitens: Wenn ein Gast reinkommt, gib ihm das Gefühl, dass du ihn schon mal gesehen hast. Stell ihm ein Bier hin. Ob das nun Astra, Holsten, Beck's oder sonst was ist, scheißegal. Dadurch bekommt der Gast das Gefühl, er gehört zu einer Ingroup, und dann fühlt er sich schon wohl. Drittes Ding: Schöne und Prominente werden überall gut behandelt. Freue dich, wenn du so etwas im Laden hast, aber denk immer dran: Die grauen Mäuse machen dir deinen Laden voll und sind treu. Wenn du zu einer grauen Maus freundlich bist, kommt die immer wieder. Ja, und

„DIE GRAUEN MÄUSE MACHEN DIR DEN LADEN VOLL – UND SIND TREU."

das vierte Ding: Der Gast hat immer recht, außer er sagt rechtsradikale oder frauenfeindliche Sachen. Und sollte dich ein Gast nerven: Geh in die Küche, entschuldige bitte, hol dir einen runter, denk dran, dass wir von seinem Bier unser Auto und unsere Wohnung bezahlen. Und dann geh wieder raus und lächel.

U. M.: **Das hört sich sehr weise an, oder? Das kam vom Vater.**

KARL: Ja. Ganz großer Mann. Ich wollte nie Gastwirt werden. Ich bin auch keiner. Ich hab Krankenpfleger gelernt, ich bin Heilerzieher von Beruf und war einer der ersten deutschen Freizeitpädagogen. Und

„ICH HAB IN MEINEM LEBEN VIELLEICHT HÖCHSTENS EINE KISTE BIER GETRUNKEN."

dann habe ich mit 21 Jahren meinen ersten Laden aufgemacht, und der hieß „Auenland". Nach dem „Herrn der Ringe". Das war der Start. Dann kam der „Traumtänzer", dann habe ich mal wieder in den Alsterdorfer Anstalten gearbeitet, dann kam ein Laden … „In Keuschheit und Demut" in der Nähe von Bergedorf, in Geesthacht. Den habe ich nach einem Vierteljahr verkauft.

U. M.: **Das heißt, du musstest eigentlich relativ schnell lernen, wie man richtig mit den Gästen umgeht. Was ist dabei eigentlich das Wichtigste?**

KARL: Also, man muss ganz ernsthaft Lust drauf haben. Als ich angefangen habe, hatte ich jeden Abend, bevor ich hinter'n Tresen musste, Schiss. Ich habe das gar nicht verstanden, wie das alles so geht. Und dann irgendwann mal beim Trampen, ich komme aus der Metro, steht ein Typ an der Straße mit Sixpack, zehn Jahre älter, braungebrannt, lange Haare, Bart, hab ich gedacht: Okay, den nehme ich mit. Der blieb dann zwei Jahre. Von dem habe ich unheimlich viel gelernt. Weil der konnte dir sagen, wenn du eine Cola bestellt hast: „Mädchen, bist du eigentlich ganz dicht? Für deine blöde Cola soll ich mich jetzt bücken?" Und die Mädels haben getobt. Die fanden das großartig. Der konnte irgendwie frech und schnauzig sein – und das Volk hat getobt. Beschimpfe deine Gäste, und sie lieben dich. Danach wurde ich dann irgendwann ruhiger. Von da an fing es an, mich irgendwie zu faszinieren. Ist natürlich auch für einen jungen Mann ein schönes Gefühl, abends mit einem Beutel Geld in der Tasche ins Bett zu gehen.

U. M.: **Und was fasziniert einen außer dem Geld? Wenn man tagtäglich sein Leben mit Menschen verbringt, die – wenn man Glück hat – einigermaßen nüchtern reinkommen und dann im Laufe der Zeit immer betrunkener werden.**

KARL: Naja, sagen wir mal so: Das Erste sind Frauen.

U. M.: **Die fahren auf Barkeeper ab, oder?**

KARL: Auf Barkeeper und Discjockeys, das ist einfach so unglaublich gewesen. Gott sei Dank, hatte ich mit 21 schon geheiratet.

U. M.: **Das muss ja nichts heißen.**

KARL: Das war das Problem, ja. Das hat meine Exfrau, nachdem sie mich verlassen hatte, dann auch so gesagt.

U. M.: **Also als Erstes mal die Frauen.**

KARL: Ja, und dann das Auf-der-Bühne-Stehen. Weil du stehst hinter'm Tresen oft auf der Bühne. Eigentlich wird jeder Blick von dir kontrolliert, jede Handlung von dir wird kontrolliert.

U. M.: **Warum?**

KARL: Du bist in. Du wirst beobachtet. Du bist einfach …

U. M.: **Du bist angesagt, oder wie?**

KARL: Völlig. Und wenn der Laden dann auch noch läuft, wenn in so einem lütten Ort wie Sülfeld irgendwie freitags, samstags tausend Leute sind in einem Laden, wo nur 190 reindürfen …

U. M.: **Und gab es auch unangenehme Begleiterscheinungen?**

„MEIN BARKEEPER WÜRDE EUCH EIN BAND UM DEN BAUCH BINDEN UND MIT EUCH JOJO SPIELEN."

KARL: Die Angst hin und wieder, dass man einen auf's Maul kriegt. Wenn zwei Wochen hintereinander die gleiche Gruppe da war oder so, also das war dann schon schlimm.

U. M.: **Was heißt das: Wenn die gleiche Gruppe da war?**

KARL: Ja, wenn so drei, vier Leute kamen und du sahst, dass die drauf aus waren. Die haben eigentlich nur drauf gewartet. Im „Auenland" hatte ich einmal eine ganz böse Erfahrung. Da kommen auf einmal fünf Männer rein, die waren damals 15 Jahre älter als wir, also so um die 35. Und alle so um die 1,90, und die sagten: „Ja, Mensch, wir haben von euerm Laden gehört, ist ja toll hier, wie das läuft, aber ich glaube, ihr braucht dringend einen anständigen Türsteher." Da meinte ich: „Nee, brauchen wir nicht. Wir haben da eine junge Frau an der Tür sitzen, das reicht vollkommen!" „Nee, ihr braucht einen Türsteher!" Und ich mein: „Brauchen wir nicht, und außerdem habe ich hier noch einen Tresenmann, der würde euch ein Band um den Bauch binden und mit euch Jojo spielen." Als mein Tresenmann dann kam, ging er denen bis zur Brust.

U. M.: **Oh.**

KARL: Zwei Wochen später kamen die wieder, haben paar Leute mehr mitgebracht, haben gesagt: „Wir kommen heute noch mal friedlich." Wir hatten uns mittlerweile bewaffnet mit Schlagstöcken. Einer unserer Kollegen hat dann auch einem dieser Typen einen Schlagstock auf den Kopf gehauen. Der hat sich nur umgedreht und gefragt: „Wer war das?!" Der Raum war leider zu klein, so dass wir nicht alle weglaufen konnten. Naja, wir haben dann irgendwie richtig Schläge gekriegt, die haben dann im Ort die Telefonzellen verwüstet, dann haben sie die Scheiben eingeschlagen und so weiter. Dann haben wir sie angezeigt, und es kam zur Verhandlung. Nun wusste ich nicht, dass die Leute, die wir angezeigt hatten, vor der Verhandlung irgendwie mit uns zusammen draußen warten würden. Ja, da wusste ich vor der Richterin auf einmal von nichts mehr. Gott sei Dank wurde der Anführer von denen dann irgendwann ein paar Monate später überfahren, Entschuldigung.

U. M.: **Und hast du das Auenland damals deshalb aufgegeben?**

KARL: Nein. Ich habe das Auenland damals abgegeben, weil wir eine Sperrstundenverkürzung hatten auf 22 Uhr. Versuch mal einen Laden auf dem Land mit 22 Uhr zu machen. Das ist schwer.

U. M.: **Etwas Ähnliches hast du ja dann ein paar Jahre später sogar auf dem Kiez erlebt.**

KARL: Wir waren im ROSCHINSKY'S auf dem Hamburger Berg der erste Laden mit Platten-spieler hinter'm Tresen, so eine Art Kneipendisko mit einem bisschen Livemusik. Aber Live-musik hatte sich sehr schnell ergeben, weil zu viele Aborigines dagegen waren. Das ist nebenbei ja noch das Perverse. Es muss sich nur ein Einziger über dich beschweren, und die machen dir den Laden dicht.

U. M.: Das ist ja dann aber zum Glück nicht passiert. Vielmehr hast du dir mit dem ROSCHINSKY'S wieder die ideale Bühne gebaut. Wenn man da dann so den Entertainer gibt hinter'm Tresen, ist man ja auch so was wie der Held in dem Laden. Versuchen sich die Leute dann auch einzuschleimen?

KARL: Ja, keine Frage. Das ist ja auch das Problem, du denkst ja bei jedem Mädchen oder bei jedem, der dich anmacht, er möchte dich so als Freund haben, aber es ist halt nur die Funktion, die er als Freund haben möchte.

U. M.: Und suchen sie auch Rat? Also überhöhen sie den Wirt auch so, dass sie sagen: Naja, der ist halt so toll, dass ich auch …

KARL: Ja, aber mein Vater hat zu mir immer gesagt: „Karl, trag immer ein Handtuch über der Schulter. Solange du ein Handtuch über der Schulter hast, hast du immer etwas zu tun. Immer noch mal irgendwas abwischen. Und wenn du was zu tun hast, musst du nicht so viel reden."

U. M.: Gute Strategie. Und jetzt bitte noch eine gute Geschichte, lieber Karl.

KARL: Eines abends kommt ein junges Pärchen ins ROSCHINSKY'S, so gegen 20 Uhr, mit seinem Kind. Bestellen eine Cola und einen Saft. Und wollen dann bezahlen. Sie hatte dem Kind die Brust gegeben, und ich sagte dann: „Zehn Mark!" Dann meinte sie: „Für einen Orangensaft und eine Cola zehn Mark?" Dann meinte ich: „Ja, und fünf Mark für mitgebrach-te Getränke. Korkengeld nennt man das."

U. M.: Karl, du hast viele Kneipen gemacht. Als selbständiger Wirt, aber auch als Angestellter. Was macht für dich den Unter-schied aus?

KARL: Im ROSCHINSKY'S hieß der Freitagabend immer „Lohntüten-Ball", und die Geschichte war: Ich habe von jedem einen Zwanziger genommen, ob er nun zwei Bier getrunken hat oder 20. So was kannst du halt nur als Besitzer machen, nicht als Angestellter. Meine Exfreundin hat immer gesagt: „Karl, du machst das Fenster auf und schmeißt das Geld hinaus." Weil ich eigentlich immer mehr Spaß an den Gästen hatte als am Geldverdienen.

U. M.: Ganz zum Schluss noch ein Fazit nach den ganzen Jahren mit den vielen, vielen Läden und den vielen, vielen Erlebnissen?

KARL: Natürlich träumst du davon, irgendwie Mil-lionär zu werden. Und ich glaube, theoretisch war ich das auch ein, zwei Mal. Aber diese Taschen heutzutage, da bleibt ja nichts mehr drin. Ich hätte einfach immer zehn Prozent zurücklegen sollen. ●

„KARL, DU MACHST DAS FENSTER AUF UND SCHMEISST DAS GELD RAUS."

„SICH TOTAL ZULAUFEN ZU LASSEN UND DANN UMKIPPEN IST AUCH EIN HILFERUF."

JOHN SCHIERHORN AUS DEM WAAGENBAU ÜBER DAS SEELENLEBEN SEINER NÄCHTLICHEN KUNDSCHAFT AM RANDE DER SCHANZE.

JOHN SCHIERHORN BETREIBT ZUSAMMEN MIT ZWEI FREUNDEN DEN BERÜHMT-BERÜCHTIGTEN <u>WAAGENBAU</u>. VIELLEICHT DER EINZIGE HAMBURGER CLUB, DER EHER FÜR EIN LEBENSGEFÜHL ALS FÜR EINE SPEZIELLE MUSIKRICHTUNG STEHT. HIER GEHT DER PUNK ERST AB ZWEI UHR MORGENS AB, WENN DIE JUNGEN WILDEN UNTER AUSSCHLUSS DER AHNUNGSLOSEN ÖFFENTLICHKEIT AUS SICH HERAUSKOMMEN. DASS SIE DABEI NIEMANDEN STÖREN, LIEGT AUCH AN DER LAGE: DER WAAGENBAU BEFINDET SICH UNTER DER LAUTESTEN BAHNBRÜCKE DER STADT.

<u>ULLI MÜLLER:</u> **John, erzähl mal was über Wege in die Gastronomie, Freunde als Partner und eure ersten Verkaufsstrategien.**

<u>JOHN:</u> Wir haben den Laden 2004 angefangen, ohne überhaupt einen Clubhintergrund zu haben. Ich war der Einzige mit einer Gastronomie-Erfahrung, weil ich mal in der Schulzeit im Irish Pub gejobbt hab, so die Nummer. Wir kommen aus der Subkultur. Wir machen zwar heute auch mal einen Industrie-Event, aber wir zählen uns doch ganz deutlich dazu. Irgendwann bin ich mit einem sehr guten Freund von mir, wir haben zusammen die Straße runter gewohnt, hier unter der Brücke vorbeigegangen, weil wir dahinten zum Asia-Imbiss wollten, der da damals noch war, und da haben wir ein Schild gesehen, nicht mal „Zu vermieten" stand da drauf, sondern einfach nur „Wir sind umgezogen". Das ist mein alter Schulweg hier, ich komm also aus dem Viertel und wusste, was sich hinter den Fensterscheiben verbirgt. Ich bin hier ganz früher schon mal reingegangen, weil ich die Räume so toll fand, und hab nach einem Glas Wasser gefragt, nur weil ich die Räume sehen wollte. Wir haben das hier dann zu dritt aufgebaut. Und wir haben einfach extrem Glück gehabt. Wir kennen uns aus der Schule. Wir waren extrem befreundet und sind es immer noch. Es ist einfach was ganz anderes, wenn jemand von draußen kommt und sagt: „Du hast hier Scheiße gebaut!" Oder es kommt dein Freund, und der sagt: „Hey, Keule, da hast du mal so richtig übertrieben." Dann denkt man ganz anders drüber nach, die haben einen ganz anderen Einfluss auf einen. Und so konnten wir uns immer gegenseitig beschützen. Denn wenn zwei sich streiten, gibt es immer einen Dritten, der sagt: Ihr seid beide Penner, aber der eine ist gerade weniger Penner. Zusammen haben wir uns dann einfach Mühe gegeben, ohne Ende. Dabei war unsere Verkaufsstrategie früher noch ganz einfach: Wir gehen auf die Straße, klimpern einmal mit dem Schlüsselbund, und dann waren hier 500 Leute. Das funktioniert nach ein paar Jahren nicht mehr so einfach, aber so war das am Anfang.

„SCHEISSE KOMMT IMMER IM HAUFEN!"

<u>U. M.:</u> **Wie beschreibst du deinen Job? Würdest du dich überhaupt noch als Wirt bezeichnen?**

<u>JOHN:</u> Der gastronomische Teil ist ein Teil unserer Arbeit. Insofern sind wir auch alle Wirte. Aber wir sind genauso Betriebswirte, so wie wir gelegentlich Klempner sind. Wer nicht ein Klo reparieren kann und dann einen internationalen Künstlervertrag verstehen, der hat Probleme. Insofern sind wir alle Generalisten.

<u>U. M.:</u> **Und dazu gehört auch, dass ihr die Menschen versteht, die hierherkommen?**

JOHN: Dass wir uns zumindest Mühe geben, das zu tun. Es gibt immer mal wieder Leute, da sagt man sich: Sorry, den versteh ich nicht, den will ich nicht verstehen! Aber ich glaub, man muss immer so ein bisschen schauen, was wollen die Leute eigentlich. Und für mich ist das Wesentliche, was die Leute hier wollen: durchdrehen. Die wollen Party machen, die wollen tanzen, die wollen den Druck, den sie den ganzen Tag haben, einfach ablegen. Der Druck draußen auf die Leute nimmt ja immer mehr zu.

U. M.: **Aber Party heißt eben Party und nicht reden, oder?**

JOHN: Doch, das eine schließt das andere ja nicht aus. Auf'm Dancefloor kann man nicht reden. Auf'm Dancefloor kommuniziert man nicht mit dem Mund. Auf'm Dancefloor kommuniziert man halt anders. Da geht's um Gestik, um Mimik und solche Sachen. Und trotzdem wird da massiv kommuniziert. Die Leute tanzen ja ganz oft auch zusammen mit einem gewissen Ziel und so.

U. M.: **Ihr sorgt also irgendwie dafür, dass der Kessel nicht explodiert?**

JOHN: Wenn die Leute nicht die Möglichkeit haben, abends wegzugehen, sich ordentlich mal einen hinter die Binde zu gießen und all die Sachen zu

„DAS WESENTLICHE, WAS DIE LEUTE HIER WOLLEN, IST: DURCH-DREHEN."

machen, die man nüchtern nie tun würde, dann staut sich bei den Leuten was auf. Und genau dieser Stau löst sich auf einer Party. Das mein ich auch mit loslassen. Da steht auf einmal einer auf und schreit. Der schreit den ganzen Tag nicht. Diese Ventilfunktion ist absolut elementar. Ich glaub, dass ist 'ne Sache, wo die Gesellschaft ein echtes Problem mit hätte. Und deshalb gibt's Wirtshäuser auch schon länger als alles andere.

U. M.: **Und welche Rolle spielst du dabei ganz persönlich?**

JOHN: Wir sind da ganz oft in der Rolle der Vermittler. Unser Job ist es, den Leuten einen angenehmen Abend zu machen, wie auch immer. Es streiten sich zwei Leute, wir gehen hin und vermitteln.

U. M.: **Und wie viele Gäste missbrauchen dich als seelischen Mülleimer?**

JOHN: Hilfesuchen funktioniert ja auch auf verschiedenen Wegen. Sich total zulaufen lassen und dann umkippen ist auch ein Hilferuf. Das ist dieser Schrei nach Aufmerksamkeit. Den gibt es noch und nöcher. Da knallen sich schon mal Leute weg, das wird auch immer härter. Und natürlich kann das auch schon mal passieren, dass Leute umkippen. Da holen wir dann den Rettungswagen.

U. M.: **Und was machst du, wenn's dir zu viel wird?**

JOHN: Da haben wir im Club einen großen Vorteil. Wenn ich keinen Bock mehr hab, dann geh ich halt irgendwohin, wo die anderen nicht hindürfen. In der Eckkneipe hast du halt weniger Chancen wegzulaufen.

U. M.: **Was ist denn die extremste Form des Kontaktes zu deinem Publikum?**

JOHN: Was ist denn extrem? Extrem ist für mich, wenn ich mich extrem öffne.

U. M.: Extrem wäre auch, du hast hier einen Laden, da kommen viele hübsche junge Ladies rein, und eine nach der anderen wäre deine.

JOHN: Die Möglichkeit bietet sich mit einem Nachtclub im Hintergrund definitiv. Es ist auch da wieder nur die Frage: Wie viel will man davon? Und was bedeutet es einem? Sicherlich haben wir uns auch hier in den ersten Jahren mehr die Hörner abgestoßen, jetzt sind wir hier alle raus. Das hat für eine kurze Zeit einen gewissen Glanz, genau wie der Umgang mit Popstars, der Glanz ist da, dann blättert er ab, und dann war es das auch.

U. M.: Hört sich abgeklärt an. Aber seid ihr in Wirklichkeit nicht total machomäßig drauf?

„DAS FUNKTIONIERT NACH DEM STILLE-POST-PRINZIP."

JOHN: Mit machomäßig kann ich sehr wenig anfangen, das hab ich sehr oft als Vorwurf gehört. Ganz ehrlich: Wenn du das zehnte Mal ein bildhübsches Top-Model vor dir hast, hinterlässt das überhaupt keinen Eindruck mehr. Was mich aufhorchen lässt, ist ein guter Spruch. Aber bestimmt nicht mehr ein kurzer Rock.

U. M.: So viel erst mal zu den angenehmen Seiten des Gästekontakts. Lass uns jetzt mal über den ganz alltäglichen Stress und Wahnsinn im WAAGENBAU reden.

JOHN: Scheiße kommt immer im Haufen. Wenn es an einer Ecke brennt, dann brennt es auch an anderen. Aber wenn's passiert, dann … Irgendwo gehen die Getränke aus, dann brennt ein Kühlschrank, der DJ hat keinen Sound mehr, und draußen ist eine Schlägerei. Das passiert nicht nacheinander, sondern es passiert immer zusammen. Das Beste, was mir übrigens passieren kann, sind Leute, die richtig stressig sind. Die kann ich an der Tür einfach austanzen. Na klar stand ich wirklich schon vor Leuten, die richtig aggro waren, und das hat mir dann überhaupt keinen Spaß gebracht. Wenn selbst die Polizei nichts tut, wenn die sagen: „Da fahren wir mal lieber weg, das macht ihr am besten unter euch aus, da haben wir zu viel Angst!"

U. M.: Aber für so was habt ihr ja eure Türsteher.

JOHN: Alle halten die Zwei-Meter-Brecher vor der Tür für das Maß der Dinge. Aber wenn die mal was erlebt haben, wenn da mal 'ne Klinge durch'n Hals geht oder so, dann gehen die auch nach Haus und heulen. Keiner von denen ist so ein cooles abgefucktes Arschloch, dass er so was einfach so mal wegsteckt.

„UND DIE POLIZEI SAGT: DAS MACHT IHR AM BESTEN UNTER EUCH AUS. DA FAHREN WIR LIEBER WEG."

U. M.: John, euer Laden hat ja nun einen bestimmten Ruf, wenn ich das mal so sagen darf.

JOHN: Ach, das funktioniert doch alles nach dem Stille-Post-Prinzip. Zum Beispiel so: Die Mädels setzen sich ja ganz oft nicht auf die Klobrillen, sondern stellen sich mit den Füssen drauf, sind besoffen, fallen um, wir müssen die Tür aufbrechen, so, und dann, keine Ahnung, war da ein bisschen Scheiße an der Wand, und am nächsten Tag heißt es dann, im Waagenbau auf dem Dancefloor haben sich die Leute aus-gezogen und die Wände mit Scheiße beschmiert. Oder nimm eine andere Geschichte. Da hat sich eine Mitarbeiterin bös geschnitten. Wir haben den Rettungswagen gerufen. Und ich wusste: Ihr Freund ist noch drinnen. Wusste aber nicht, wie ihr Freund aussieht. Kenn ich nicht. Also hab ich den Leuten gesagt: „Sucht ihren Freund, ist, glaub ich, schön, wenn ihr Freund mit ins Krankenhaus fährt." Was danach drinnen gelaufen ist, war wieder das Stille-Post-Prinzip. Das ist das Wundervollste, was passieren kann. Ich komm also von drau-ßen rein und seh lauter Leute, die mit ihrem Handy-Display irgendwie am Rumlaufen sind. Und dann merk ich, dass die am Suchen sind, auf dem Fußboden. Und als ich frag, was zur Hölle sie denn da machen würden, bekomm ich zur Antwort: „Wir suchen den abgeschnittenen Finger!"

U. M.: **John, ich merk schon, ihr macht hier ganz schön was mit. Hast du ein Zwischenfazit?**

JOHN: Ich werd mich in jedem Fall mit einem T-Shirt begraben lassen, auf dem steht: „My body was not a temple but an amusement-park."

U. M.: **Einer geht noch.**

JOHN: Links zu sein behütet nicht davor, ein Arschloch zu sein.

U. M.: **Wie wahr. Und was treibst du sonst so?**

JOHN: Ich probier gerade, für Viva Con Aqua eine Marke aufzubauen. Eine Marke, die das Potenzial hat, eines der großen Mineral-wasser am deutschen Markt zu werden. Wenn das klappt, dann machen wir noch mal 'ne Null dahinter. Dabei nutzen wir einen Riesenvorteil von einem Club: Du baust ein Riesennetz-werk auf. Da sitzt du mit einem zusammen, und dann merkst du, der ist ein Riesenanwalt, einer der besten, die es gibt, und dann kommt einer von Boston Consulting … und irgend-wann kannst du mal sagen, dass wir uns auch im Vergleich zu großen Unternehmen gut aufgestellt haben. Wir brauchen nur noch ein bisschen Geld, und dann geht's los! Das wird meine nächsten vier, fünf Jahre maßgeblich beeinflussen.

U. M.: **Das war ein offenes Wort zu deinen Perspektiven. Und wie hältst du es ansonsten so mit der Wahrheit, ganz generell und in diesem Interview?**

JOHN: Ich musste ab und zu ein bisschen stottern und so. Aber es gibt halt einfach auch Situa-tionen, da haben wir selbst Nachrichtensperre drauf. Das sind die allerlustigsten, aber die dürfen wir selber keinem erzählen, die sind einfach zu hart, da dürfen wir einfach nicht drüber reden, die könnten uns die Konzession kosten.

U. M.: **Und dein weises Wort zum guten Ende lautet?**

JOHN: Man lernt in der Kneipe mehr als im Museum oder an irgendeiner Hochschule, das ist mal so. ●

„MY BODY WAS NOT A TEMPLE BUT AN AMUSEMENT-PARK."

„HAPPY HOUR IST, WENN ICH HAPPY BIN."

CHRISTIAN MÖHLENHOF AUS DEM <u>MAYBACH</u> ÜBER DEN SINN UND UNSINN VON VERKAUFSSTRATEGIEN.

„WEIN KORKT AUCH BEI SCHRAUBVER- SCHLÜSSEN."

FRANK WITTERN AUS DEM MEISENFREI
ÜBER DIE OBSKUREN BESCHWERDEN MANCHER KUNDEN.

DIE BEFREUNDETEN GASTWIRTE **FRANK WITTERN** UND **CHRISTIAN MÖHLENHOF** HABEN EINE KLARE SICHT AUF IHREN BERUF. SIE VERKAUFEN ATMOSPHÄRE UND KOMMUNIKATION UND SIND DESHALB MIT IHREN LÄDEN, DEM MEISENFREI UND DEM MAYBACH, SEIT MEHR ALS 20 JAHREN GUT IM GESCHÄFT. ZWEI EIMSBÜTTLER „ECKKNEIPEN DER ZUKUNFT", DIE NICHT MEHR AUS DEM STADTTEIL WEGZUDENKEN SIND. WÄRE DA NICHT DAS RAUCHVERBOT, DURCH DAS DIE BEIDEN IHR LEBENSWERK UND EIN STÜCK GEWACHSENE KNEIPENKULTUR GEFÄHRDET SEHEN.

ULLI MÜLLER: Frankie und Christian, ihr seid beide nach 20 Jahren im Job immer noch hinter'm Tresen, zumindest von Zeit zu Zeit. Wie hält man das durch?

CHRISTIAN: Aus Berufung.

FRANK: Ist schon Spaß.

U. M.: Aus Berufung?

CHRISTIAN: Ja, Beruf kommt doch von Berufung, oder nicht?

U. M.: Wenn man viel Glück im Leben hatte, dann ja.

CHRISTIAN: Wie gesagt: Beruf kommt von Berufung. Und ich fühl mich berufen, so einen Laden mit einer gewissen Kneipenkultur zu führen. Denn eine Kneipe hat als Stätte der Begegnung, wo man sich trifft, wo man gemeinsam sein Feierabendbier trinkt, über den Sinn und Unsinn des Lebens philosophiert, über Fußball, Politik und was weiß ich nicht alles spricht …

FRANK: … das ist eine schöne Reihenfolge …

CHRISTIAN: … eine große sozialpolitische Bedeutung. Gerade als Wirt so einer Kneipe muss man sich auf jeden Fall dazu berufen fühlen. Weil dieser Beruf sonst viel zu zeitintensiv ist. Du arbeitest ja grundsätzlich dann, wenn andere Leute ihre Freizeit verbringen. Und das kann man nur überzeugend machen, wenn man zu dem Schluss kommt: Ich darf dort arbeiten, wo andere ihre Freizeit verbringen.

FRANK: Da hast du recht.

CHRISTIAN: Aber es darf niemals so aussehen, als wenn wir tatsächlich arbeiten. Schwitzend und schlecht gelaunt will uns keiner sehen.

FRANK: Der Wirt ist heute einer, mit dem du im Prinzip auch einen Kaffee trinken gehen kannst. Oder den du auf dem Bahnhof triffst. Und der dir hilft, wenn du hinfällst. So muss der Wirt heutzutage sein. Nicht irgendwie ein abgehobener Honk, der meint, dass es wirklich nur ums Betriebswirtschaftliche geht.

„ICH DARF DA ARBEITEN, WO ANDERE IHRE FREIZEIT VERBRINGEN."

U. M.: Bei dieser Haltung ist es kein Wunder, dass ihr beide jede Menge Stammgäste habt.

FRANK: Sechzig Prozent der Leute, die sich hier so bewegen, sind jeden Tag hier. Zumindest abends. Aus allen Schichten. Viele Redakteure, und Ärzte, und Wissenschaftler und alles. Aber auch der Nachbar ist da, und eben junge Leute. Das ist ja das Schöne an der Sache. Die haben hier ihr kommunikatives Idyll entdeckt.

CHRISTIAN: Deren Wohnzimmer du sozusagen bist.

FRANK: Das ist so. Die Leute nennen das hier so. Wir haben im Februar mal für eine Woche zugemacht, um den Laden zu renovieren. Was da ablief, kannst du dir gar nicht vorstellen. Die Leute wussten nicht, was sie machen sollen.

CHRISTIAN: Die sind orientierungslos durch die Gegend gelaufen.

FRANK: Naja, ganz so schlimm war es nicht. Die hatten ja immer noch einen Bezugspunkt. Konnten durch die Scheibe gucken. Das war schon ein Hammer. Und der Freitag, als wir wieder aufgemacht haben, war bis jetzt der stärkste Tag vom Umsatz her. Das ist unfassbar. Wir hatten ganze sechs Tage zu.

U. M.: **Das hört sich nach einem Kompliment an.**

CHRISTIAN: Frankie hat hier ja auch was Großes geschaffen. Er hat seine Gäste so zusammengebracht, dass die im Idealfall gar nicht mehr seinetwegen in den Laden kommen, sondern weil sie hier ihre Freunde treffen.

FRANK: Das ist genau der Punkt. Deshalb arbeite ich auch nur noch drei-, viermal die Woche. Ich kann mich auf meine Leute und die Stammgäste verlassen, dass die hier auch ohne mich einen schönen Abend haben.

U. M.: **Die Leute miteinander verbinden zu können, ist das eigentlich eine Technik, die man lernen kann? Oder ist das ein Naturtalent?**

FRANK: Das hast du.

CHRISTIAN: Das kann man schon lernen. Kommunikation ist ja etwas, was man lernen kann.

U. M.: **Bedingt, ja.**

FRANK: Ein gewisses grundnatürliches Können und Wollen muss vorhanden sein. Und man muss in allen Dingen, die mit Kommunikation zu tun haben, recht begabt sein. Dann kriegt man das auch hin.

CHRISTIAN: Sie müssen es eben wollen. Denn das Wollen kannst du keinem beibringen. Ich sag immer: Wir verkaufen keine Getränke. Wir verkaufen kein Essen. Was wir verkaufen, ist Atmosphäre und Kommunikation. Denn das ist unsere einzige Überlebenschance.

U. M.: **Apropos überleben: Ihr fühlt eure Existenz vom Rauchverbot stark bedroht.**

CHRISTIAN: Ich sehe einen ganz großen Teil der Kneipenkultur ernsthaft bedroht. Denn der Tresen als Stätte der Begegnung, wo man sich trifft, nach der Arbeit redet, wird einfach wegfallen.

FRANK: Das ist eine Sache, die uns wirklich arg bedrückt.

CHRISTIAN: Als Erstes stirbt das Gespräch, wenn der Raucher in Zukunft vor die Tür gehen muss.

FRANK: Und so stirbt auf jeden Fall ein Stück Kultur.

CHRISTIAN: Mit dem politisch offensichtlich gewünschten Sterben der Kneipenkultur werden wir eine ganz andere Gesellschaft bekommen. Ich versteh nicht, warum der Staat diesen Teil der Kultur zerstören will. Ich hab einen Laden mit 120 Sitzplätzen drinnen und 120 Sitzplätzen draußen. Wir sind die Eckkneipe der Zukunft. Wir sind ein heller, freundlicher Laden. Und hier findet Kommunikation statt wie früher in der Eckkneipe. Auch ohne den Wirt. Zum Beispiel am Tresen, wenn der Gast die Barfrau anhimmelt, weil er ein Auge auf sie geworfen hat. Dieses Kuppeln zum Beispiel, das findet hier auch statt, selbstverständlich.

FRANK: Das ist ja eine der wichtigsten Komponenten in einem Laden, der so eng ist.

CHRISTIAN: Richtig. Wenn du ein eher schüchterner Typ bist und möchtest mit einer Frau

„WIR VERKAUFEN KEINE GETRÄNKE, SONDERN KOMMU- NIKATION."

sprechen, dann gibt es nichts Einfacheres, als eine Barfrau anzusprechen. Weil mit der musst du ja allein schon reden, wenn du deinen Getränkewunsch äußerst.

FRANK: Und die muss in Anführungszeichen auch mit dir sprechen, weil diese Serviceleistung trainiert ist.

CHRISTIAN: Die gibt dir dann das Gefühl, dass du ein ganz Toller und Wichtiger bist. Und ein Schöner eigentlich auch.

FRANK: Bis zu dem Moment, wo er bezahlen muss und nach Hause geht. Und zwar alleine. Weil die Barfrau ja noch arbeiten muss. Die bleibt ja noch da. Deshalb ist es extrem wichtig, kritische Distanz zu seinen Gästen zu wahren. Weil ich auch schon viele Sachen erlebt hab, die anders gelaufen sind. Wo die kritische Distanz keine Distanz mehr war und sich dann innerhalb von kürzester Zeit die Probleme aufbauen, die sich immer aufbauen, wenn ein Stammgast mit einer Barfrau oder Servicekraft was Privates anfängt. Dann kannst du das eigentlich in die Tonne treten.

CHRISTIAN: Spätestens nach drei Wochen hast du beide verloren.

FRANK: Eine Barfrau, die von sich aus kündigt. Und einen Stammgast, der nicht wiederkommt, damit ihm das nicht noch mal passiert, weil ihm das peinlich ist.

„WIR WAREN SCHON VOR 20 JAHREN EIN AFTER WORK CLUB."

CHRISTIAN: Eins der größten Probleme in der Großstadt ist es doch, dass der Mensch vereinsamt. Was boomt ohne Ende? Die Flirtgeschichten, trallala. Das ist aber für ein gewisses Klientel ein bisschen zu albern, das wollen sie nicht, hat keinen Stil, kein Niveau, wie auch immer. Und dafür musst du dich eben an den Tresen begeben, in der Hoffnung, dass der Wirt deines Vertrauens diesem Anspruch genügt und dich in ein Gespräch mit anderen mit einbindet. Vor zehn Jahren haben die ersten After Work Clubs aufgemacht? Ich behaupte, wir waren schon vor 20 Jahren ein After Work Club. Weil die Leute nach Feierabend zu uns gekommen sind. Deshalb hab ich mich auch immer dagegen gewehrt, dass wir gerade zwischen 17 und 19 Uhr Happy Hour machen. Happy Hour ist, wenn ich happy bin. Und ich bin happy, wenn die Gäste meinen Preis bezahlen und nicht die Hälfte. Denn mein Preis ist sowohl um 17 Uhr der richtige als auch um 21 Uhr.

U.M.: **Neben all dem Privaten kommen bei euch doch sicherlich auch andere Dinge zur Sprache?**

CHRISTIAN: Mit Sicherheit. Ich hab immer das Gefühl, wenn ich morgens Zeitungen hole, dass die Redakteure bei mir am Stammtisch saßen. Denn das, was am Stammtisch diskutiert wird, findet sich am nächsten Tag in der Zeitung wieder. Hier werden die Themen diskutiert, die die Welt bewegen. Und das ist ja auch das Schöne, dass du es am Tresen nach dem einen oder anderen Bier doch hinkriegst, dass sich alle miteinander unterhalten. Das sehe ich auch als das Wesentliche, das Befruchtende an, deshalb kommen sie auch nach Feierabend noch mal für ein berufsübergreifendes Gespräch.

U. M.: **Darf man in solchen Gesprächen als Wirt Stellung beziehen?**

CHRISTIAN: Wir leben in der Demokratie. Genauso wie der Gast seine Meinung äußern kann, äußere auch ich meine Meinung. Ich betrachte mich auch als Teil meiner Gäste. Ich bin ja nicht nur ihr Wirt, der ihnen die Getränke ausschenkt. Sondern ich bin auch derjenige, der mit ihnen spricht. Und dazu gehört auch, dass man sich mal die Meinung sagt. Und wenn der eine andere Meinung hat als ich, dann ist das völlig in Ordnung.

FRANK: Zumal unsere Meinung auch nicht ganz unwichtig ist. Es gibt ja viele Leute, die sich mit uns über Themen unterhalten wollen, egal ob es jetzt privat ist oder politisch. Wir werden ja gesucht. Wir und unsere Kollegen, in dieser Situation: Wohnzimmer.

U. M.: **Und wie haltet ihr es bei all diesen Gesprächen mit der Wahrheit?**

CHRISTIAN: Die Wahrheit gibt es nicht. Das stellst du jeden Tag wieder fest. Die Wahrheit ist ausgesprochen subjektiv. In jeder Beziehung. Sowohl politisch als auch persönlich als auch fußballtechnisch. Jeder hat seine Wahrheit. Jeder lebt in seiner Welt. Und alle zusammen leben am Tresen in einer Parallelwelt. Wir erleben etwas gemeinsam. Und doch wertet es jeder anders. Dem einen ist das Bier zu kalt. Dem anderen der Wein zu warm.

FRANK: Oder der Wein korkt trotz Schraubverschlüssen. Man muss sich da auch individuell auf die Leute einstellen, wie sie so drauf sind. Und dann muss man mal ein wahres Wort sprechen, oder ein Machtwort, und dann geht das auch schon. Wichtig ist, dass man als weise angesehen wird. Aber da sind Christian und ich, glaub ich, ziemlich weit vorne.

U. M.: **Zum Schluss bitte ich euch noch um ein Wort zu unserer These, dass Tresentherapeuten für die Gesellschaft wenigstens so wichtig sind wie Psychotherapeuten. Und dass die Wartezimmer der Psychologen noch voller sein werden, wenn die Kneipenkultur erst mal zerstört ist.**

FRANK: Ganz ehrlich: Ich halte unseren Stellenwert für höher als den von Therapeuten und Psychologen. Und zwar allein aus dem Grund, dass wir viele Leute gleichzeitig bedienen. Und der Therapeut für 75 Euro Krankenkassensatz genau 50 Minuten zuhört. Das können wir uns nicht leisten. Beim Therapeuten weißt du: Der hört mir die 50 Minuten zu – und dann macht er den nächsten Termin. Und hat dabei so ein kleines Dollarzeichen im Auge. Das hab ich nicht. Deshalb kommt er ja auch lieber zu mir, bevor er zum Therapeuten geht.

U. M.: **Aber ist das auf Dauer nicht der pure Stress? Wie hält man das aus?**

FRANK: Früher war man immer glücklich, wenn man Leute hatte, die fünfmal die Woche arbeiten können. Heute teil ich die Schichten selber so ein, dass jeder höchstens zwei- oder dreimal pro Woche arbeitet. Denn viermal ist schon einmal zu viel. ●

„UND ALLE ZUSAMMEN LEBEN AM TRESEN IN EINER PARALLELWELT."

„ICH GLAUB NUR DAS, WAS ICH MIT EIGENEN AUGEN SEHE."

WALTRAUD BAUER AUS DER <u>AALREUSE</u> IN ISERBROOK ÜBER IHR LIEBLINGSREZEPT
IN DER BRODELNDEN GERÜCHTEKÜCHE.

WALTRAUD BAUER HAT IHR HANDWERK IN DEN SIEBZIGERN VON IHRER MUTTER GELERNT, DIE DAMALS IM BERÜHMTEN KIEZIMBISS „HEISSE ECKE" DAS ZEPTER GESCHWUNGEN HAT. HEUTE FÜHRT WALTRAUD DIE AALREUSE, EINE SOGENANNTE RENTNERKNEIPE IN HAMBURGS WESTEN, IM STADTDORF ISERBROOK. NICHT GERADE IDYLLISCH GELEGEN ZWISCHEN DEM REICHEN BLANKENESE UND DEM NEUREICHEN RISSEN.

ULLI MÜLLER: Waltraud, wir kommen auf Empfehlung, weil uns ein Freund der Familie gesagt hat: Da müsst ihr unbedingt hin, das ist die typische Eckkneipe in der Nachbarschaft. Und da geht es auch schon morgens los …

WALTRAUD: Das ist ja nett … Ich hab ja hier morgens so meinen Stamm, die paar Rentner, die noch verblieben sind, viele sind ja auch schon gestorben.

U. M.: Du machst das ja auch schon ganz schön lange.

WALTRAUD: Ja, seit '88. Da kennt man sich natürlich.

U. M.: Und die älteren Herrschaften fangen schon morgens an, Bier zu trinken?

WALTRAUD: Ludwig zum Beispiel trinkt manchmal nur drei Bier. Dann haben wir einen, der trinkt zwei Altbier, einen Bismarck und einen Sangrita zum Abschluss. Und dann geht er nach Hause. Mittags, zum Mittagessen nach Hause. Kann aber auch sein, dass sie abends dann noch mal reingucken auf ein, zwei Bierchen, einen kleinen Abendspaziergang, das ist auch drin. Natürlich sind auch welche besoffen, aber selbstverständlich. Gerade nachmittags, wenn die Möbler kommen, wenn die Feierabend haben. Das sind Getränksleute. Die hauen ihre zehn, zwölf Bier weg. Aber die kommen von der Arbeit. Die kommen halb vier, vier, halb fünf, hauen sich den Kanal dicht, und dann zittern sie ab nach Hause. So um sieben sind die schon wieder weg. Man kann hier fast nach jedem Gast die Uhr stellen. Das ist eben der Stamm. Ganz, ganz selten trudeln hier abends mal Fremde rein. Die sind dann gerade hierhergezogen und wollen sich mal umgucken. Ein paar von denen sind auch schon mal wiedergekommen. Weil es hier so gemütlich war, mit Singen und so. Seemannslieder, Volkslieder hab ich ja auch drinnen, Western hab ich ja auch drinnen, das mögen sie gerne hören, Johnny Cash und so was, das finden sie ja toll. Freddy Quinn. Hans Albers. Das ist die Musik hier.

„MAN KANN HIER NACH FAST JEDEM GAST DIE UHR STELLEN."

U. M.: Und die kommen alle aus der Nachbarschaft?

WALTRAUD: Ja, die wohnen hier alle im Country.

U. M.: Und warum kommen die gerade hierher?

WALTRAUD: Es ist für die so was wie die gute Stube.

U. M.: Und du gibst die Mutter der Kompanie! Und die hat ganz schön viele Aufgaben. Erzähl doch mal.

WALTRAUD: Was soll ich da erzählen? Was die Gäste sich so vom Herzen reden wollen. Das ist schon mal das Erste. Die meisten, die hier kommen, sind einsam. Da ist der Partner oder die Partnerin gestorben, und sie sind allein. Die Kinder sind verstreut. Und die haben natürlich ihre Probleme. Die kommen hierher, um zu schnacken. Und wenn sie dann noch mit den Alten zusammensitzen, dann kommen die Geschichten von früher, weil die sich ja nun auch schon 50 Jahre mindestens kennen.

U. M.: **Aber in die AALREUSE kommen ja nicht nur die Alten. Es soll hier ja auch ein paar Hausfrauen geben, die sich regelmäßig treffen.**

WALTRAUD: Samstags hab ich manchmal nur Frauen. Dann kann man auch mal über andere Sachen schnacken, Frauensachen halt. Das ist auch mal ganz interessant. Und wenn dann ein Mann reinkommt, sagt der: „Oh, oh." Und ich sag dann: „Ja, ich schließ gleich ab. Und dann bist du dran."

U. M.: **Sehr gut.**

WALTRAUD: Ich sag: „Fünf Frauen, kannst du das ab?" „Ja, schaff ich. Ist ok." So flachsen wir dann.

U. M.: **Ob Frauen oder Männer: In jedem Fall musst du als Wirtin die unterschiedlichsten Rollen spielen.**

WALTRAUD: Ja, weil die Leute keinen mehr haben. Dann reden sie wieder dadrüber: „Oh, ich hab wieder eine Rechnung bekommen, die ich nicht versteh." Also hab ich denen auch schon geholfen, schriftlichen Kram zu machen. „Oh, Waltraud, kannst mir mal bitte diesen Brief aufsetzen?" Für die Steuer irgendwas, weil Rentner ja jetzt auch Einkommenssteuer abgeben müssen. Und da kommen viele nicht mit klar. „Oh, Waltraud, kannst mal machen?" „Ja, gut", sag ich, „nehm ich mit." Oder sie fragen: „Kannst du mich mal da hinfahren?" Das mach ich auch. Ich mach gleich noch einen Shuttleservice nebenbei. „Kannst mich mal zum Baumarkt fahren?" Mach ich auch. „Oder kannst mich mal zum Krankenhaus fahren?" Hab ich auch schon gemacht. Mit solchen Sachen treten sie an mich heran. Für mich sind das Kleinigkeiten, für die Gäste sind es wohl schon größere Sachen. Dass jemand da ist, der ihnen hilft. Wo man einfach nur zu fragen braucht: „Kannst du mal?" Zum Beispiel: „Kannst du uns mal 'ne Kiste Selter mitbringen?" Mach ich auch.

U. M.: **Das ist ja das volle Helfer-Programm. Und unterhalten musst du deine Gäste ja auch noch.**

WALTRAUD: Ja, natürlich. Ja, sicher. Ich kann den Gast da doch nicht sitzen lassen. Dann sag ich zum Beispiel: „Mensch, Ludwig, was hast denn heute gemacht?" Und dann schnacken wir von früher. Er kommt ja auch vom Kiez. Er kennt meine Mutter ganz gut. Wir haben immer Gesprächsstoff. Wundert mich, dass er noch gar nicht hier ist. Der kommt eigentlich immer als Erstes. Sitzt immer auf seinem Stammplatz. Muss ich ihm noch sein Kissen hinlegen, sonst klebt er auf dem Sitz fest, das hat er nicht so gern. Ja, so was muss ich mir auch alles merken, die Eigenheiten.

„MUSS ICH IHM NOCH EIN KISSEN HINLEGEN, SONST KLEBT ER AM SITZ FEST."

U. M.: **Und bestellen die überhaupt noch? Oder stellst du gleich wortlos hin?**

WALTRAUD: Wortlos. Und die machen dann so, wenn sie ein Neues haben wollen, dann stellen sie die Flasche neben den Deckel. Weil gucken tu ich immer. Hören kann ich nicht immer, weil mal bin ich da hinten, dann am Telefon. Aber ich werfe ja immer meinen Blick. Und dann seh ich: Aha, Flasche daneben. Er möchte noch eins.

U. M.: **Rituale in der AALREUSE. Einen Sparclub habt ihr ja auch noch …**

WALTRAUD: Aber nur noch passiv. Weil letztes Jahr sind einige der Mitglieder verstorben. Einer hat sich aufgehängt. Der war gerade 58. Man hat ihm nie was angemerkt. Das war ein guter Kollege, der hat hier auch manchmal ausgeholfen. Hat mir mal geholfen, Bier zu holen, und so was.

„UND DANN HAT ER SICH VOM BALKON PLUMPSEN LASSEN."

U. M.: **Und man hat ihm nie was angemerkt?**

WALTRAUD: Nie!!! Zuerst starb seine Mutter. Er hat ja bis dahin noch zu Hause gelebt. Kurz danach sein Vater. Dann kriegte er drüben eine Wohnung im Hochhaus. Und dann hat er sich innerlich wohl auch gut vorbereitet. Seil und alles war schon da. Und dann hat er sich vom Balkon plumpsen lassen. Na, ich krieg eine Gänsehaut, wenn ich daran denk. Weil das nun wirklich ein guter Freund war.

U. M.: **Und ich dachte, dass die Leute in die Kneipe gehen, damit der Druck weniger wird. Damit so was nicht passiert. Aber wenn der Druck zu groß ist, hilft das auch nicht mehr.**

WALTRAUD: Also, du hast ihm nie was angemerkt. Der hat hier Karten gespielt. Der hat geknobelt, gedartet, war immer alles ganz locker. Und ich hab noch gesagt: Wenn du Hilfe brauchst wegen dem Schriftkram, jetzt wo dein Vater auch tot ist. Eine Kollegin von mir, die hat für ihn die Briefe übernommen, wegen der Beerdigung vom Vater und so …

U. M.: **Sind die Leute denn so hilflos, dass sie solche Sachen …**

WALTRAUD: Ich weiß es nicht. Und wir waren ja nun alle für ihn da. Wenn da irgendwas gewesen wäre, dann hätten wir zusammengeschmissen. Aber nichts. Und dann kriegten wir den Anruf hier. Weil die letzte Nummer, die er im Handy hatte, war wohl unsere. Weil er am Abend vorher hier noch angerufen hatte, so ganz belanglos; ich war nicht hier, den Abend. Ich wurde erst zu Hause angerufen. Die Polizei hätte angerufen, ob wir einen XY kennen, ja, der wurde gerade vom Balkon abgeschnitten. Bumm.

U. M.: **Das ist eine harte Geschichte. Lass uns jetzt mal in die fröhlichere Ecke gucken!**

WALTRAUD: Ach, die fröhlicheren Dinge? Dann denk ich an die Scheidung. Wir haben ja nur eine einzige Scheidung hier im Laden gehabt. Aber das war eine Scheidung … rosenkriegmäßig. Die haben hier vorne gewohnt. Sie sitzt da, ich steh hier. Auf einmal kommt da jemand mit so einer Schiebkarre um die Ecke, so voll, und kippt sie aus. Ich sag: „Was war das denn? Das war doch Ernie!" „Nee!", sagt sie. Ich sag: „Doch, das war Ernie!" Ich geh raus. Da hat er wohl die ganze Tiefkühltruhe ausgeleert, die ganzen Lebensmittel lagen hier tiefgefroren vor der Tür. Und dann ging es weiter. Er wieder mit der Schiebkarre nach Hause, mit der Schiebkarre wieder zurück, sooo ein Berg Klamotten! Kipp aus! Wieder nach Hause, Geschirr holen …

U. M.: **Alles klar: Polterabend.**

WALTRAUD: Hier lag also alles voll: Lebensmittel, Klamotten, Geschirr, Küchenutensilien, Toaster, Kessel, Kaffeemaschine, alles. Die ganze Nacht gab es eine Aufräumaktion, allein die Scherben. Das war ein 12-teiliges Ess-Service, ein 12-teiliges Kaffee-Service, da kommt ja einiges zusammen, Pütt un Pann.

U. M.: **So viel zum Thema Scheidung vor der AALREUSE. Was ja nicht von ungefähr kommt. Weil du erzählt hast, dass man hier auch ein kleines Verhältnis finden kann.**

„UND ZULETZT HATTEN WIR ZWEI GEBURTEN."

WALTRAUD: Na, jetzt haben wir gerade wieder so eine kleine Fehde zwischen einem Ehepaar. Sie kommt ganz gern mal hier zum Darten. Dabei hat sie sich einen angelacht. Schreiben sich immer SMS und so. Und jetzt hat natürlich ihr Mann die SMSe gelesen. Nu ist da wieder Krieg. Also, ich hab gesagt, ich kann mich auf keine Seite stellen. Kann ich nicht. Ich hab wirklich zu dem Mann gesagt: „Du, Dieter, ich hab es nicht gesehen. Ich habe es nur gehört. Aber das kann ich nicht glauben. Ich glaube nur das, was ich sehe, mit eigenen Augen." Weil er mich ja fragte, ob ich was wüsste von dem Verhältnis.

U. M.: **Und wusstest du was?**

WALTRAUD: Ich bin kein Hellseher. Und wenn andere Streit haben, dann halt ich mich raus. Wenn die mich fragen: „Waltraud, was sagst du dazu?" Dann sag ich: „Ich sag da nichts zu, ich war da ja nicht dabei." Ich sag: „Ihr könnt mir doch viel erzählen."

U. M.: **Aber einen Grund zum Feiern gibt es bei allem doch bestimmt auch immer wieder.**

WALTRAUD: Ja, drei Hochzeiten hatten wir auch. Jaa!!!! Die haben sich hier kennen- und liebengelernt und sind bis heute noch verheiratet. Das ist doch was Schönes. Das ist auch viel wert. Aus der einen Ehe ist jetzt gerade ein Kind entstanden. Ja, zwei Geburten hatten wir zuletzt.

U. M.: **Von der Geburt bis zum – selbst gewählten – Tod: In der guten Stube AALREUSE tobt das wirkliche Leben.**

WALTRAUD: Ja, deshalb hab ich auch Heiligabend wieder geöffnet. Abends, ich mach abends wieder auf. Bis nachmittags so drei, vier. Dann erst mal zu. Und dann mach ich so um neun wieder auf. Ach, da kommt ja mein Ludwig, wo ich sagte mit seinem Pupskissen. „Moin Ludwig!"

LUDWIG: „Moin".

WALTRAUD: „Na, Ludwig, schon beim Einkaufen gewesen?"

LUDWIG: „Nö."

WALTRAUD: „Willst' noch?"

LUDWIG: „Jo!"

U. M.: **Waltraud, ich glaub, du würdest nicht so gern einen anderen Beruf haben, oder?**

WALTRAUD: Nein, jetzt nicht mehr. Bitte nicht!!! „Hier, dein Bier, Ludwig."

LUDWIG: „Ich danke dir." ●

„ICH UNTERHÄLTE MICH NICHT GERNE – DAS IST AUTISTISCHE HYGIENE."

BRANKO GORICKI AUS DER BRÜCKE ÜBER SEINE MAULFAULHEIT ALS RESULTAT
DER VIELEN INTENSIVEN JAHRE ALS GASTRONOM.

BRANKO GORICKI IST DER PHILOSOPH UNTER HAMBURGS GASTRONOMEN. AN EINER MALERISCHEN ECKE MITTEN IN HAMBURG FÜHRT ER DREI LÄDEN, DIE EINES GEMEINSAM HABEN: SIE BRINGEN SEINE PHILOSOPHIE EINES GROSSSTADTLEBENS, DAS SICH LOHNT, ZUM AUSDRUCK. ZWISCHEN SEINEM ANTIQUITÄTENLADEN UND DEM ANTIQUARISCH EINGERICHTETEN WEINGESCHÄFT LIEGT ALS HERZ UND ZENTRUM SEINER AKTIVITÄTEN DIE LEGENDÄRE BRÜCKE. DIE BRÜCKE WAR VIELE JAHRE DIE LOCATION FÜR ALLE, DIE IN DER HAMBURGER WERBESZENE WAS GELTEN WOLLTEN.

ULLI MÜLLER: **Wie lange gibt es die BRÜCKE eigentlich schon?**
BRANKO: 23 Jahre. November '86. Ich war fasziniert vom Isemarkt. Weil er mir irgendetwas Urbanes, Großstädtisches vermittelt hat, weil er irgendwelche Sehnsüchte befriedigte, Bilder aus Paris, ich weiß es nicht. Der Laden gehörte einem Landsmann von mir. Es war eine fürchterliche Trinkstube, total verdunkelt, und ich hab ihn kennengelernt und ihn drauf angesprochen. Und dann war es so weit. Und dann hab ich das zusammen mit einem Partner übernommen und das daraus gemacht, was es heute ist, fast unverändert. Aber das war auch das Konzept. Wir waren in Wien und Paris und haben uns klassische Lokale angeguckt und dann versucht, hier etwas Ähnliches zu schaffen, bei dem man gleich merkt: „OK, die haben was vor, das soll auch so bleiben." Und das in einer Zeit, in der noch aus jedem Friseurladen irgendeine Kneipe oder ein Café gemacht wurde. Gegen diese Schnelllebigkeit wollten wir etwas Haltbares machen, das war das Konzept.
U. M.: **Und das wurde dann gleich gut angenommen.**
BRANKO: Sofort. Es war überhaupt nicht so gedacht. Es sollte ein Eckkneipen-Restaurant für die Nachbarschaft werden, was es heute, Gott sei dank, nach langen Umwegen auch geworden ist. Aber am Anfang wurden wir einfach überrollt. Und überfordert. Ich sollte in der Küche stehen, als Hobbykoch. Und er hinter'm Tresen. Und wir beiden sollten den Laden schmeißen. Und dann wurden wir vom ersten Tag an so richtig plattgewalzt. Vollgepresst war der Laden, unerklärlicherweise, alles so Werber, in schwarzen Omen-Anzügen, sahen aus wie Soldatesca. Jeder wollte damit seine Individualität zeigen, dabei sahen sie alle gleich aus. Das war schon hart.
U. M.: **Und wie hast du dir diesen Zulauf erklärt? Und dass es gerade Werber waren?**
BRANKO: Ich kann das nicht erklären. Oder vielleicht doch. Es war dieser bestimmte Zeitgeist. Ich mag diesen Ausdruck überhaupt nicht. Aber irgendwie hat der Laden den Nerv getroffen.

„DAS PHYSIKALISCHE GESETZ WIRKTE: MASSE ZIEHT MASSE AN."

Die haben das als authentisch, als wahr, als glaubwürdig entdeckt, aus irgendeinem Grund. Und dann waren die Leute hier unter sich. Und das physikalische Gesetz wirkte: Masse zieht Masse an. Das gilt heute immer noch. Wenn man sich sieht und sagt: Ach, der ist auch hier. Und der auch. Dann bleiben die auch, sofort.
U. M.: **Und sind die Werber heute immer noch da?**

BRANKO: Nein. Erst mal gibt es die Branche kaum noch. Und dann sind die sehr leise geworden. Die waren damals jung und laut, sehr laut. Die haben viel Geld verdient. Und dachten, durch das viele Geld auch alles wissen zu müssen. Und dann gab es auch das entsprechende Verhalten. Die waren halt damals ziemlich überfordert durch ihre Position, durch ihren Erfolg und durch den Erfolg der ganzen Branche. Die waren dem nicht gewachsen. Das war schon sehr intensiv. Und eine schwierige Zeit damals.

Irgendwann bist du die Geisel dieser Leute. Zumal du auch bei anderen Gästen verrufen bist. Die haben alle erzählt von schwarz gewandeten Werbern. Das hatte nicht unbedingt auf alle eine Anziehungskraft.

„DU KANNST DEIN PUBLIKUM NICHT SELEKTIEREN."

U. M.: **Das glaub ich gern.**

BRANKO: Aber du kannst dein Publikum nicht selektieren, das ist tabu. Du suchst dir dein Publikum nicht aus. Das muss entstehen. Heute ist DIE BRÜCKE das, was damals schon unser Wunsch war. Ein klassisches Eckkneipen -Restaurant. Da kommen neben anderem Publikum natürlich Nachbarn. Und die machen es aus, die Nachbarschaft. Die fühlen sich wohl, die zeigen das auch, was natürlich sehr gut ist. Als Stammgäste bekommen sie entsprechend vertraute Behandlung. Genau das, was man eigentlich sucht in der Gastronomie, dieses Vertraute, Familiäre.

U. M.: **Das hängt ja bestimmt sehr viel mit den Menschen zusammen, die hier sind.**

BRANKO: Ich bin nicht mehr immer präsent, darum geht es nicht, um meine Person, überhaupt nicht. Ich koche nicht mehr, ich stehe nicht mehr hinter dem Tresen. Die Leute erwarten mein Gesicht auch nicht mehr. Was mir sehr guttut. Weil es für mich fast eine Zumutung ist, mein Gesicht hinzuhalten.

U. M.: **Eine Zumutung?**

BRANKO: Ja, nee, ich fühle mich inzwischen ganz schön alt. Durch die Profession, die ich ausgeübt habe, altert man wirklich ziemlich progressiv. Und ich bin auch müde von bestimmten sozialen Anforderungen. Entwickle auch eine gewisse Distanz.

U. M.: **Ist die Zeit mit eurem riesigen Erfolg zu intensiv gewesen?**

BRANKO: Ich war nie so auf Erfolg aus. Das war für mich nie so relevant bei der ganzen Sache. Eigentlich hab ich das früher nie so gespürt. Ich hatte schon als Student einen großen Freundeskreis. Und wir trafen uns auch in Gaststätten. Aber die waren anders konzipiert. Da war eine gewisse Ordnung. Aber hier kam es zu unkontrollierten sozialen Konflikten. Das erfordert eine sehr intensive soziale innere Logistik. Denn das muss ja alles verarbeitet werden. Dass ich es lerne, mich zu distanzieren. Ich habe auch gelernt, selektiv zuzuhören. Ich weiß, worum es geht. Aber ich kriege nur noch einen ganz kleinen Teil vom Volumen mit. Das lernt man als Gastronom. Sonst wird man wirklich verrückt. Besonders ich als jemand, der nicht darauf vorbereitet war. Oder der nicht dazu geboren ist.

U. M.: **Weil die Gäste einen in alles involvieren wollen?**

BRANKO: Ja, absolut, ja klar. Man versucht nur seine Aufgabe zu erfüllen und nett und aufmerksam zu sein. Und dann reicht ein banales Wort wie: „Ach, und wie geht's?" und dann kriegst du sofort wirklich die ganze Latrine ausgeschüttet. Das ist sehr schwierig, das selektiv zu verarbeiten. Und dabei ein Wirt zu bleiben, freundlich und nett. Und dich doch zu schützen. Das ist einfach zu viel. Oder mir war das zu viel. Das ist vielleicht eine ganz subjektive Erfahrung von mir. Vielleicht ist es wirklich ein Riesenmissverständnis, das ich seit fast 35 Jahren praktiziere. Aber ich komme ganz gut klar damit.

U. M.: **Und wie reagierst du dann auf diese ganze Latrine?**

BRANKO: Alles, was zur Choreografie eines Wirtes gehört, hab ich noch drauf. Ich hab gesagt, dass ich selektiv zuhören kann, das habe ich mir beigebracht. Das ist wie ein Reflex, ein Schutz, ein Naturschutz. Nicht zu viel damit zu tun zu haben. Das ist schon eine sehr komplexe Angelegenheit. Da wird zwar gescherzt: Wer nichts wird, wird Wirt. Unser Ruf lebt noch ein bisschen von dieser Abwertung. Aber es ist schon eine komplexe Sache. Wenn man das durchzieht, wie ich das gemacht habe. Ich mach das seit knapp 35 Jahren. Und ich hab bei Null angefangen. Bin durch einen Zufall reingerutscht. Absoluter Zufall. Damals bin ich gerade nach Deutschland gekommen. Ich wollte gar nicht hierbleiben. Ich war zu Besuch in Hamburg zur Eröffnung einer Kneipe. Bei einem Studienkollegen von meinem Bruder. Er bat mich, zu bleiben und ihm beim Konzept für den Aufbau seiner Küche zu helfen. Und er bat mich gleich, sein Partner zu werden. Und ich hatte Blut geleckt. Ich sprach kaum Deutsch. Aber es war für mich schon faszinierend, dieses Treiben, diese Leute, diese gute Laune, das Intensive. Ich hab nicht viel verstanden. Und das war ein Vorteil. Wenn du die eigenen Leute verstehst, ist das nicht immer ein Vorteil. Mich hat das Geschehen fasziniert, rein optisch. Hamburg fand ich sowieso eine unfassbare Stadt, ich hab mich total verliebt.

U. M.: **Am Anfang war es also das Sprudelnde, das Leben, die Atmosphäre, die dich angezogen hat?**

BRANKO: Ja, absolut. Rein optisch erst mal. Später, als ich mehr verstanden habe, musste ich lernen, das zu verarbeiten. Und zu selektieren. Aber das war schon sehr beeindruckend. Rein choreografisch. Das war für mich wie eine Bühne. Das fand ich sehr, sehr faszinierend. Das war wie eine andere Art des Lebens. '76. Das war schon eine muntere Zeit. Die ganzen neuen Freundschaften, Bekanntschaften, der irrsinnig freie Zugang zu Frauen, Mädchen, irrsinnig frei, ja.

U. M.: **Einer der besten Gründe, Barkeeper zu werden.**

BRANKO: Ja, für mich auf jeden Fall ein ganz neuer Zugang. Das war schon interessant. Ich war gerade 30 geworden. Und das war schon sehr relevant. Alles zusammen hat schon eine große Rolle gespielt. Hierzubleiben.

U. M.: **Noch mal zur komplexen Angelegenheit.**

BRANKO: Wenn man sich dafür entscheidet, Wirt zu sein, hat man eine gewisse Verantwortung, der man sich erst später bewusst wird. Diese Verantwortung hat man sich selbst gegenüber. Und dann als Gastgeber dieser sozialen Veranstaltung. Weil das die Basis der Glaubwürdigkeit ist. Und Glaubwürdigkeit ist die wichtigste Plattform für die Existenz. Und das ganze Geschäft. Glaubwürdigkeit.

> „HAMBURG FAND ICH EINE UNFASSBARE STADT, ICH HABE MICH TOTAL VERLIEBT."

U. M.: **Du sprichst davon, dass das hier eine soziale Veranstaltung ist. Und dass man als Wirt Einfluss nehmen kann. Du sprichst auch von Choreografie. War dir das eigentlich** von Anfang an klar, dass man als Wirt solche Aufgaben übernimmt?

BRANKO: Nein, nein, nein, nein. Das hab ich erst später empfunden. Diese große Aufgabe, der man sich mit der Zeit bewusst geworden ist. Natürlich hab ich eine sehr lange Zeit im Zweifel gelebt, ob das nun richtig war. Später kam die persönliche Reife dazu. Und dann die eigentliche Aufgabe: Ich lese und kaufe sehr viele Kochbücher und lese sehr viel und unterhalte mich mit Köchen und spreche darüber.

U. M.: **Der erfahrene Gastwirt als interessanter Gesprächspartner?**

BRANKO: Nee, nein, eigentlich neige ich zu leichtem Autismus. Das sind Spätfolgen von dem ganzen intensiven sozialen Zusammensein. Das ist für mich die autistische Hygiene, damit ich das hier weitermachen kann. Ich unterhalte mich nicht gerne. Ich bin ziemlich maulfaul. Aber das ist auch gut. Weil das zu einer gesunden Distanz führt.

U. M.: **Und es ist die Reaktion darauf, dass man früher in Gespräche verwickelt wurde, ob man wollte oder nicht.**

BRANKO: Ja, ja, ja. So fing es an. Ich hab meine deutsche Seite absolut in Kneipen erlernt. Das war die beste Schule. Und ich hab das natürlich genossen. Es war ganz interessant, das Verhalten von Leuten zu beobachten. Das Leben in den Kneipen hat das beschleunigt, dieses Gefühl, mich zu befreien. Ja, das war schon ein sehr guter Einstieg.

U. M.: **Bevor du in die Gastronomie gegangen bist, warst du ja auch Gast. Hast du damals geahnt, welche vielfältigen Rollen auf dich zukommen würden als Wirt?**

BRANKO: Das ist ein organischer Prozess gewesen. Um vor mir selbst rechtfertigen zu können, was ich mache.

U. M.: **Weil es sonst zu wenig gewesen wäre?**

BRANKO: Ich fühlte mich wirklich unterfordert, mental. Weil das eine irrsinnige Trivialität hat. Als Wirt bist du ein Reflexmensch. Und das ist ziemlich banal. Du hast ja Zugang zu Leuten, mit denen du sonst keinen Umgang haben würdest.

U. M.: **Hast du dabei dein „Ich" rausgelassen?**

BRANKO: Ich? Nein, ich kann das nicht. Mein „Ich" kann ich nur spüren und respektieren. Aber ich lasse das nicht raus. Also gegenüber den Leuten. Nein, kann ich nicht.

U. M.: **Das wäre zu viel?**

BRANKO: Weil ich selbst wenig aus mir rauslasse, staut sich das natürlich. Und dann kommt es auf einmal hoch dosiert. Und das ist sehr unangenehm. Und das tut mir später leid. Ich glaube dann, meine Glaubwürdigkeit zu verlieren. Dann sage ich nichts. Dann gucke ich. Ja, sorry, aber das sind meine Strukturen.

U. M.: **Und hast du zum Ende noch ein weiteres weises oder auch nicht weises Fazit nach 35 Jahren?**

BRANKO: Also, mir hat es doch gut getan. Ich hab für mich was daraus gemacht. Und die Langlebigkeit beweist mir, dass das schon ziemlich gut gemacht worden ist. Irgendwie hab ich dieses Riesenmissverständnis gut hingekriegt, ja. Zu Ende. Oder fast zu Ende. ●

„EIGENTLICH NEIGE ICH ZU LEICHTEM AUTISMUS."

„ICH HAB MEIN GANZES LEBEN LANG GESTOHLEN, MIT DEN AUGEN UND DEN OHREN."

HORST SCHLEICH AUS DEM CRAZY HORST ÜBER LEBENSLANGES LERNEN AUF DEM KIEZ.

CRAZY BUT HONEST – NACH DIESEM MOTTO HAT **HORST SCHLEICH** VOR KURZEM HUNDERTSTEN GEBURTSTAG GEFEIERT. SEIN LADEN, DAS <u>CRAZY HORST</u> IN DER HEIN-HOYER-STRASSE WURDE 35. UND DER MEISTER SELBST 65. GUT, DASS DIESER MANN, DER EINST THEOLOGIE STUDIEREN WOLLTE, SICH VOR VIER JAHRZEHNTEN ENTSCHIED, SEINE PREDIGTEN KÜNFTIG HINTER'M TRESEN ZU HALTEN.

„DIESE BEAMTENMENTALITÄT LAG MIR NICHT."

<u>ULLI MÜLLER:</u> **Horst, wieso bist du eigentlich statt in der Kirche auf dem Kiez gelandet?**

<u>HORST:</u> Schon früh gab es diese pubertären Schwierigkeiten in der Familie, der Vater: Oberamtsrat. Ich wollte mich dem nicht anpassen. Diese Beamtenmentalität lag mir nicht. Als ich dann '66 nach Hamburg kam, hab ich sofort ein Schweinegeld verdient. Damals gab es keine Arbeitslosen. Hat mich ein Chef geärgert, bin ich zum nächsten, und zum Schluss war ich dann bei Brinkmann, als Propagandist von Hoover. Da sollte ich vier Maschinen pro Tag verkaufen, und ich hab 40 verkauft. Irgendwann kam es mit so einer Dame von Brinkmann zu einer Auseinander-setzung, weil ich zu spät gekommen sein soll. Und als die mich dann beleidigt hat und gesagt hat „Sie können jetzt stempeln gehen!", da hab ich mir 'ne Kneipe gekauft am Großneumarkt … Und dann gab es wieder Geld.

<u>U. M.:</u> **Es war also eine Mischung aus Aufsässigkeit, Freiheitsliebe und Geschäftstüchtigkeit, die dich Wirt hat werden lassen.**

<u>HORST:</u> Kann man so sagen. Anfangs, am Großneumarkt, in so 'ner Kneipe für Schauerleute, da konnte ich nicht selber arbeiten. Das war nichts für mich, da hatte ich nur Kellner. Das war reines Geldmachen. Das ging leicht, der Laden hat 1100 Mark im Monat gekostet und wir haben 1100 Mark am Tag umgesetzt, mit einer Mark das Bier, oder 69 Pfennig.

<u>U. M.:</u> **So was rechnet sich.**

<u>HORST:</u> Na ja, so bin ich dann hier gelandet, hab das gemietet und mir einfach so einen Namen erarbeitet, dass Ulrich Tukur und solche Leute zu mir kommen, wenn sie hier sind. Später hab ich die Räume gekauft, dann hab ich's bezahlt und dann hab ich aufgehört zu arbeiten.

<u>U. M.:</u> **Das hört sich ja fast an wie die Geschichte vom Staubsaugervertreter, der Millionär wird, und dann auch noch auf'm Kiez.**

„AB EINEM UMSATZ VON 10.000 FAND ICH SM NICHT MEHR SO SCHLIMM."

HORST: Ich hab ja auch nebenbei fünfeinhalb Jahre das Molotow gehabt, gleichzeitig mit diesem, auf der Reeperbahn …

U. M.: … den Club?

HORST: Die Punkdisko, ja. Vom ersten Tag an hat das geknallt wie nichts Gutes. Und dann kamen ein paar Booker an und wollten die Location buchen für eine SM-Party. Da hab ich gesagt: „Nicht bei mir, das will ich nicht. Ich bin ein Softie, da hab ich keine Beziehung zu. Lass sie machen, aber nicht bei mir. Außerdem: Verherrlichung von Gewalt ist verboten, das geht nicht." Und dann kamen die immer wieder und versprachen mir einen Umsatz von 10.000 Mark. Und da fand ich SM schon gar nicht mehr so schlimm. Wir haben dann 14.000 gemacht in der ersten Nacht, scheiße, das hat geknallt. Und dann haben wir das einmal im Monat gemacht. Und ich war der Erste, auch da wieder. Der Laden voll mit Zivilschmiere, die ich aber kannte, und dann wurde das auch so geduldet. Und diese Leute habe ich heute noch hier, zum Teil.

U. M.: **Offensichtlich hast du einen Riecher für's Geschäft …**

HORST: … ja, hab ich, das kann ich heute noch besser als jeder Kellner …

U. M.: **Plauder doch mal aus dem Nähkästchen.**

HORST: Unser Klavier hab ich damals mit Ulrich Tukur zusammen gekauft. Ich hatte mir so 1000 Euro eingesteckt, und der Verkäufer wollte 1300 dafür haben. Und dann hab ich die 1000, die ich in kleineren und größeren Scheinen dabeihatte, die hab ich dann immer so gezählt. Dann hab ich gesagt: „Ach hier, komm, 1000 hab ich mir grad vom Mund abgespart." „Das kann ich nicht machen!" „Warte mal, vielleicht hab ich mich verzählt, vielleicht ist es auch mehr." Und dann hab ich wieder gezählt, und dann lief der Geifer hier so bei ihm. Er brauchte das Geld also. Und irgendwann hat er gesagt: „Los, her damit!" Und der Tukur wollte sich totlachen.

U. M.: **Ist dir dieses kaufmännische Geschick eigentlich in die Wiege gelegt worden?**

HORST: Liegt gar nicht in der Familie. Aber ich merk sofort, wenn jemand Geld braucht. Die gucken immer wieder auf's Geld. Und ich zähle. Ich nehme das ja vorbereitet mit. Wenn du zwei Fünfhunderter hinlegst, ist das nicht so doll. Aber fünf Hunderter, noch Fünfziger dazwischen und Zwanziger und Zehner, dann geht das meistens. Na ja, nun komm ich ins Schwelgen …

U. M.: **Mit Recht. Apropos Scheine: Kommen hier eigentlich immer noch so viele Leute rein, die lose Geld in der Tasche haben? Ich mein, so wie früher?**

HORST: Nicht mehr so. Das war früher so. Oben drauf war ja auch immer das Deckblatt, so nannte man das, das war immer ein Tausendmarkschein. Und drunter warn die Fünfer dann. Und da hast du dann sofort erst mal auf das Deckblatt geguckt. Und wenn das schon Ecken und Kanten hatte und kaputtgerissen war, dann war das schon vier Wochen drauf. Das große Geld konnte der also

„JE GRÖSSER DER PFAU SEIN RAD SCHLÄGT, UMSO BESSER SIEHT MAN SEIN ARSCHLOCH."

schon mal nicht ausgeben. Das musste ein fri-
scher Tausender sein, sonst war er ohne Geld.
„Freier ausleuchten" nannte man das.

„NE KNEIPE IST NE SCHLUDER-STELLE."

U. M.: **Und so was zu lernen gehörte zum Überlebenstraining.**

HORST: Ja, so Charaktere erkennen ... Wenn man
nach einem kurzen Gespräch merkt: Der reißt
das Maul auf, und da ist nichts dahinter, viel
Lärm um nichts oder so, da hab ich dann immer
gesagt: „Je größer der Pfau sein Rad schlägt, umso besser sieht man sein Arschloch."

U. M.: **Aber am Anfang der Laufbahn als Wirt war die Erfahrung bestimmt noch nicht so groß.**

HORST: Sehr klein! Dazu habe ich immer gesagt: „Ich habe mein ganzes Leben nur gestohlen,
mit meinen Augen und mit meinen Ohren." Ich hab immer geguckt, zum Beispiel dieser ganze
Aberglaube. Zum Beispiel: Wenn nichts los ist, nimmt man das Salzfass und schüttet Salz, und
zwar muss man von hinter'm Tresen zur Tür gehen und Salz schütten, nicht andersrum, sonst
kommt keiner, und dann einen Korn vor die Tür kippen, und zwar in alle Richtungen, damit die
Leute von überall kommen. Und solche Sachen, das praktizieren wir hier ...

U. M.: **Nebenbei hast du dir ja im Laufe der Jahre einen legendären Ruf erarbeitet. Man spricht vom ...**

HORST: ... fairen Wirt vom Kiez oder so. Ja, das kommt daher, als wir noch die Zuhälter hatten,
die richtigen guten Jungs, die sich damals gehauen haben und dann zusammen weiterge-
soffen haben. Dann war das geklärt. Nicht so wie heute ... Da bin ich auch manchmal, wenn
ich merkte, das brodelte, da bin ich hinterhergelaufen und hab gesagt: „Du, pass mal auf,
bevor ihr euch morgen die Knarre an den Kopf setzt oder so, wollen wir noch mal reden?"
„Nein! Der kann mich am Arsch lecken! Das kommt überhaupt nicht in Frage!" Dann bin ich
zu dem andern gegangen, und der wollte auch nicht. Und im Endeffekt hat es doch immer
geklappt. Dadurch hat sich dieser Name gebildet, der faire Mann. Ich brauchte vor keinem
Angst zu haben, weil mich alle geschätzt haben.

U. M.: **Und was haben sie geschätzt?**

HORST: Meine faire Art, dass ich meinen Mund gehalten hab, auch wenn ich was vielleicht
schon einen Tag vorher wusste, habe ich nichts gesagt. Es gibt Dinge, da schludert man natürlich, 'ne Kneipe ist 'ne Schluderstelle ... Aber bei mir konnten die sich drauf verlassen,
bis heute noch. Ich weiß Sachen, da bin ich der Einzige, der es weiß. Von Gästen, von Freunden und so, das erzählen sie mir.

U. M.: **Mittendrin. Und doch nicht dabei?**

HORST: So ist das. Sich raushalten, aber dazugehören. Ich hab bei denen nicht mitgemischt und
bei denen nicht, aber ich gehörte immer dazu. Man hat mich also immer als einen von denen
bezeichnet.

U. M.: **Deshalb ist ja auch die Rede vom Beichtvater Horst gewesen.**

HORST: Ja ja. Das wird man aber, glaube ich, automatisch.

U. M.: **Und in welcher Rolle siehst du dich selbst als Wirt?**

HORST: Also, das kann man verschieden bezeichnen: Zum Beispiel als üble Form der Prostitu-
tion, eine niedere Form, weil man seinen Kopf dazu gebrauchen muss. Und seinen ganzen

Körper. Und den Geist. Du hast dafür manchmal so viel Persönlichkeit weggegeben, dass du nach Hause kommst und richtig leer bist. Da fängt dich auch keiner auf. Selbst wenn es einer versucht, bist du dann nicht bereit. „Lass mich bloß in Ruhe!" Dann musst du dich an deinen eigenen Haaren wieder rausziehen, selbst wenn du keine hast. Und wenn man das gelernt hat, dann ist gut.

U. M.: **Im CRAZY HORST treffen sich Kiezianer, Promis und ganz normale Leute …**

HORST: Natürlich gibt es da immer noch die paar Spießer. Und das sind die Schlimmsten, das habe ich hier auch alles schon erlebt.

U. M.: **Ja? Wie denn?**

HORST: Die haben gewettert und gepöbelt. Und dann sind sie die größten Drecksäue. So eine Frau, fällt mir gerade ein. Eine Frau von einem reichen Geschäftsmann. Er ist hier mal mit zwei Huren reingekommen, hatte aber nur 'ne Kreditkarte. Und das ging irgendwie nicht bei denen im Puff. Die wollten 6000 Mark von dem haben und ich hab das durchgezogen und das war genehmigt und da hab ich gesagt: „Sobald das Geld auf meinem Konto ist, kriegt ihr euer Geld." Das fand der Typ toll. Jetzt bringt er zwei Jahre später seine Frau mit, und die sitzt hier und guckt dann so ganz etepetete. Und er hatte überhaupt nicht so das Verhältnis zu ihr, sonst wär er ja auch nicht zu Huren gegangen …

U. M.: **… womit wir beim Thema Ehe sind …**

HORST: … Ehe, ja. Und mit einmal kommen hier ein paar Mädchen aus einem Swinger-Club um die Ecke rein, die kamen immer hier und die tanzten dann auch da hinten. Sie sagt: „Was sind denn das für hübsche Mädchen?" Ich sag: „Das sind Huren." „Wie bitte?" „HUREN, hast du mich nicht verstanden? HUREN." „Ach, Nutten …" „Nee, nix Nutten, das ist ein Schimpfwort. Huren." Da sagt sie zu ihrem Mann: „So, ich möchte dieses Lokal sofort verlassen. Wo schleppst du mich denn hier hin? Das hättest du doch sagen müssen, du Schwein!" Ein Aufstand vom Feinsten! Er sagt: „Komm, Schatz, trink mal noch einen." Und ich weiß nicht, ob er ihr irgendeinen Schnaps in den

„NEE, NIX NUTTEN, DAS IST EIN SCHIMPF-WORT."

Champagner gekippt hat oder was. Auf jeden Fall, anderthalb Stunden später stand Frau Saubermann nackig zwischen den Huren und hat mit den Huren getanzt und fand es so was von schick. Seitdem konnte er sie mitbringen.

U. M.: **Na ja, das Stichwort war ja, dass die, die immer nach draußen die Saubersten sind …**

HORST: … Jaja, die sind oft die Allerschlimmsten …

U. M.: **Horst, ich bitte dich um dein Schlusswort.**

HORST: Wenn unser Pfarrer hier am Fenster vorbeigeht …

U. M.: **… quasi auf Besuch bei einem Kollegen …**

HORST: … ja! Dann sag ich: „Nicht mehr ficken sagen, der Pfarrer kommt!" Und dann ist er schon drinnen. Und dann sagt er: „Horst, du sollst doch nicht sagen, dass ich der Pfarrer bin. Ihr erzählt immer so viel, ich will das auch mal hören!" ●

„MAN SOLL NUR SO VIEL ABBEISSEN, WIE MAN RUNTER-SCHLUCKEN KANN."

MATHIAS „STORMY" STORM VOM FREUDENHAUS ÜBER LEUTE, DIE DAS ECHO NICHT ABKÖNNEN.

MATHIAS „STORMY" STORM HAT ALS KIND DER DDR ZUERST EIN PAAR JAHRE TEER GEKOCHT, BEVOR ER EINE LEHRE ALS KOCH BEGINNEN DURFTE. EINE HARTE SCHULE, DIE IHM HEUTE HILFT, MIT SEINEM FREUDENHAUS DEN GENUSS AUF DEN KIEZ ZURÜCKZUBRINGEN.

STORMY: Ja, das Restaurant und die Bar, das sind meine Stellungen. Zwei Orte der reinen Freude. Gaumenfreuden, Trinkfreuden, FREUDENHAUS.

ULLI MÜLLER: Mit dem FREUDENHAUS verfolgst du ja ein klares Konzept.

STORMY: Ja, das Konzept ist: Deutsch. Nicht modifiziert, sondern wirklich nur deutsch. Die Küche ist deutsch. Und im Weinbereich biete ich auch nur deutsche Weine, es gibt nichts anderes. Ausschließlich deutsche Weine. Meine Winzer lieben mich dafür.

U. M.: Und du hast dir die Marke FREUDENHAUS schützen lassen.

STORMY: Aktuell gibt es einen Rechtsstreit mit einem anderen Freudenhaus. Der macht zwar nicht das Gleiche wie ich, aber die Sache ist einfach zu nah. Und wenn das zu nah ist, dann geht das einfach nicht. Denn ansonsten gibt es mich in zwei, drei Jahren nicht mehr.

U. M.: Der Kern deiner Marke ist ein Mix aus Kiez, Lebensfreude und Genuss. Kommt das, weil du selber so ein genießerischer Kiezianer bist?

STORMY: Bei mir ist das mit dem Genießen so wie bei einem Trüffelschwein. Wenn das Schweinchen seinen ersten Trüffel gefunden hat und durfte ihn nicht fressen, dann ist es ganz vehement dahinterher, den nächsten Trüffel zu finden. So kommt man von einem zum anderen. So kommt man vom guten Essen zum guten Kaffee, zu guten Kaffeemaschinen, zu vernünftigen Bieranlagen. Ein vernünftiges Bier braucht Heimat zum Beispiel, das ist auch ganz wichtig. Und so kommt man dann auf Wein. Und so kommt man auf spezielle Spirituosen. Den Faden kannst du unendlich weiterspinnen.

U. M.: Wissen deine Gäste diese Haltung überhaupt zu schätzen?

STORMY: Manche, nicht alle. Aber ich setze das einfach voraus. Ich erwähne das gar nicht mehr, dass mein Fisch, mein Fleisch aus bester Herkunft kommt. Ich setze das einfach voraus. Und das tun meine Gäste mittlerweile auch. Ganz klar, es ist höchste Qualität. Denn wenn ich billigen Mist verkaufen würde, würde allein schon mein Küchenchef kündigen.

„BEI MIR IST DAS MIT DEM GENIESSEN WIE BEI EINEM TRÜFFELSCHWEIN."

U. M.: Das spricht für deinen Küchenchef. Wie bist du eigentlich Wirt geworden?

STORMY: Meine Eltern waren auch Kneiper. Ich bin am Tresen groß geworden. Das war schon immer so. Und meine Eltern waren gute Wirte. Die Zeiten waren damals zwar anders. Aber sie hatten auch schon eine Kneipe mit deutscher Küche. Schnitzel auf Brot, Schnitzel mit Bratkartoffeln, Schnitzel mit Kartoffelsalat, Sülze, Bratwürste, Bockwürste. Es gab genügend zu trinken. Das Bier war immer kalt.

„ICH BIN AM TRESEN GROSS GEWORDEN."

Der Schnaps war auch immer kalt. Was will man mehr? Eine gemütliche Kneipe. Die hatten sogar noch so einen Kachelofen in der Mitte. Da standen im Winter alle am liebsten drum herum.

U. M.: **Und da hast du dir was von deinen Eltern abgeguckt?**

STORMY: Ja, und dann hab ich es richtig gelernt. Meine erste Lehre war zwar Dachdecker, damals in der DDR. Ich wollte Koch lernen und hab keine Lehrstelle gekriegt, da hab ich erst mal Teer gekocht. Und als ich fertig war, hab ich sofort 'ne Kochlehre gemacht.

U. M.: **Und hat sich im Rückblick die ganze Mühe gelohnt?**

STORMY: Absolut. Denn es gibt für mich nichts Schöneres, als mit Menschen zu philosophieren über Essen. Essen und Trinken. Das ist so eine Sache. Das wirkt ja auch deeskalierend.

U. M.: **Das hört sich ja mehr nach Florettfechten als nach Faustrecht an. Und das auf Sankt Pauli?**

STORMY: Mein Vater hieß ja der Ochsenwirt. Weil der den Leuten, wenn's zu bunt wurde, auch mal einen auf den Kopf gehauen hat. Aber das ist eine Sache, die man heute nicht mehr bringen kann. Das konnte man in einer Rambazambakneipe bringen. Aber wenn du heute in meiner Position Situationen nicht anders handeln kannst, dann brauchst du irgendwann eine Flasche Schnaps. Und ich möchte auch in 20 Jahren noch Schnaps trinken, weil's mir schmeckt und nicht, weil ich muss.

U. M.: **Das hast du auf Sankt Pauli dazugelernt?**

STORMY: Ja. Das ist ja nicht mein erster Laden hier. Mein erster Laden war die Nachtküche. Da hab ich eine Küche gemietet und geschuftet wie ein Schwein. Wir haben abends um 23 Uhr angefangen und waren zu zweit. Einer ist ganz schnell wieder ausgestiegen, weil ihm das zu anstrengend war. Das hab ich zwei Jahre gemacht. Das war unglaublich viel Arbeit, und ich hab unglaubliche Sachen erlebt. Weil alle Steigen – so heißen Puffs in Hamburg, oder hießen sie, als es sie noch gab – waren meine Kunden, alle Zuhälter. Weil ich deutsche Nachtküche gemacht hab. Bei mir konnte man nachts um drei auch Eisbein bestellen. Das war überhaupt kein Problem. Das war echt erfolgreich. Bis bei einer Razzia 95 Prozent meiner Kundschaft eingefahren sind. Und danach hatte sich das erledigt. Ja, dann bin ich hier mit eingestiegen.

U. M.: **Mit der Nachtküche hast du seinerzeit also das Milieu bekocht. Hat das eigentlich Spaß gebracht? Oder ist das eine zu romantische Vorstellung?**

STORMY: Die Vorstellung ist viel zu romantisch. Es hat Spaß gemacht, hat aber mit Romantik null zu tun. Die meisten Huren auf dem Hans-Albers-Platz kannten mich, weil ich das Essen für die gebracht habe. Es war anstrengend und es waren auch viele Sachen dabei, die ich nicht hören wollte. Wenn es einem Mädel nicht gut ging. Oder wenn die der Meinung waren, ich könnte mit ihren Typen reden. Aber das ging mich nichts an. Das war hart, so was zu sagen. Aber dann hätte ich mich eingemischt. Das hätte auch das Ende meines Geschäfts bedeuten können.

U. M.: **Das habe ich schon öfter gehört, dass es offensichtlich in eurem Beruf Pflicht ist, neutral zu sein. Aber die Leute kommen doch ewig und wollen was von dir, oder nicht?**

STORMY: Das ist das, was sich Leute vorstellen, die mich nicht jeden Tag erleben. Es gibt aber auch viele gute Sachen. Bei einer Zigarette und einem Drink zusammensitzen und den Tag oder die Woche Revue passieren zu lassen, das ist einfach grandios. Diese Leute brauchen keine Psychiater.

U. M.: **Das hört sich gut an. Aber ist das Leben als ambitionierter Wirt wirklich so einfach? Und wenn ja, warum trinken viele Wirte dann so exzessiv?**

STORMY: Die besten Wirte sind die, die nicht saufen. Selbstverständlich trinke ich auch mal ein Schlückchen. Aber wenn man das jeden Abend macht, dann hat man ein Verfallsdatum auf der Stirn. Ich bin ja damit groß geworden. Wenn mein Vater nach Feierabend noch Skatrunden hatte, dann haben die sich auch einen auf den Knorpel gegossen. Aber danach

„WENN MAN JEDEN ABEND SÄUFT, HAT MAN ALS WIRT EIN VERFALLSDATUM AUF DER STIRN."

war's das auch wieder. Und dann wurde die Woche wieder gearbeitet. Aber dafür braucht man auch eine Frau. Denn wenn man hier ein Junggesellenleben führt, dann verendet man.

U. M.: **Warum?**

STORMY: Weil du uferlos wirst. Bodenlos.

U. M.: **Und davor bewahrt dich deine Frau?**

STORMY: Meine Frau hat einen ganz anderen Job und einen ganz anderen Rhythmus. Das holt mich wieder runter. Denn wenn ich nur mein Leben leben würde, keine Ahnung, was passieren würde. Selbstüberschätzung, dusseliges Gelaber. Was weiß ich. Falsche Freunde. Kann man alles am Tresen haben. Manchmal kann man auch einfach nicht mehr. Man kann den Job nicht sieben Tage die Woche machen. Irgendwann braucht man mal eine Auszeit. Man muss in den Urlaub fahren. Das ist ganz wichtig, dass man auch mal eine Zeit lang weg ist. Am Anfang besteht das Wirtdasein aus gnadenloser Selbstausbeutung. Das stimmt. Wenn man dann den Absprung nicht irgendwann schafft, dann ist man durch. Ich hab fünf Jahre durchgearbeitet. Hab ich. Ohne Urlaub. Aber spätestens danach geht es einfach nicht mehr. Du wirst oberflächlich. Du kannst auf nichts mehr eingehen. Es ist dir eigentlich letztes Endes alles scheißegal. Und das darf nicht sein.

U. M.: **Denn dann geht der Laden kaputt.**

STORMY: Richtig. Dann sagst du dir: „Am Anfang hab ich 'ne schöne Schnapsauswahl gewollt. Und was trinken die Leute? Die trinken sowieso alle nur Wodka. Wofür soll ich dann die ganzen schönen Flaschen, die einen Haufen Kohle kosten, ins Regal stellen? Wenn die eh nur Wodka saufen oder Korn. Und eine Sorte Bier läuft. Wozu hab ich vier? Scheiß drauf. Egal." Und so reduziert sich letzten Endes alles auf ein gewisses Maß an Besäufnis. Darauf läuft es dann immer hinaus. Dass alle schön breit sind und dann gehen sie nach Hause. Vielleicht gibt's noch eine kleine Schlägerei vor der Tür. So, schöner Abend.

U. M.: **Das hört sich nun doch wieder nach Sankt-Pauli-Klischee an.**

STORMY: Ja, so kann das laufen, wenn man nicht aufpasst. Nimm mal die Bars, die vor allem Sauftouristen haben. Das ist eine Gastronomie, die würde mir keinen Spaß machen. Ich wäre todunglücklich. Todunglücklich. Wenn ich nur 'ne Flasche aufmache, hinstelle und sage: „Drei Euro".

U. M.: **Und was macht dich glücklich?**

STORMY: Das Geschwätz, auch die Pöbeleien. Also wir benutzen keine Schimpfwörter, sondern wir bepöbeln uns. Was weiß ich. Ich pöbele über den Tresen. Die pöbeln zurück. Und letzten Endes, zwei Minuten später, lacht man wieder. Scheiß drauf. Lass uns noch ein Bier trinken. Dabei sollte man aber immer nur das abbeißen, was man selber auch runterschlucken kann. Und wenn jemand das Echo nicht verträgt, dann ist er hier auch verkehrt.

U. M.: **Was schade ist, weil er dann womöglich gute Geschäfte verpasst.**

STORMY: Genau. Schon mein Vater hat die besten Geschäfte immer am Tresen gemacht. Wenn er was brauchte, gab es immer einen, der was besorgen konnte. Und so ist das hier auch. Irgendeiner kann immer irgendwas besorgen. Das macht Spaß. Du verbindest die Leute ja auch am Tresen. Wenn ich hier stehe, und ihr sitzt da. Ich verbinde euch. Da bin ich euch schon mal los als Gesprächspartner. Weil ihr euch selber unterhaltet. Und ihr trinkt noch'n Bier und noch'n Bier. Das ist ja auch so 'ne Art Management: Dass ich meinen Verkauf fördere, ohne dass ihr das mitkriegt.

U. M.: **Das gehört zum Handwerk. Und was hast du als Wirt sonst noch so gelernt und abgespeichert?**

STORMY: Gute Menschen treffen sich immer wieder. Das ist halt schön. Nimm zum Beispiel Sankt Pauli. Die meisten Gastronomen auf Sankt Pauli kennen sich. Und so ist es dann halt kein Tipper, kein Tapper, wir haben keinen Club, wir haben keine Community, wir haben keine Vereinbarungen, dass wir uns die Gäste zuschustern. Und trotzdem macht es jeder.

U. M.: **Der Kiez hält also zusammen. Und was ist, wenn einer die Harmonie stört?**

STORMY: Die Kunst ist es ja dann auch, mit den Schultern zu zucken, wenn da irgendjemand ist, der nervt. Das ist 'ne typische Handbewegung, oder 'ne typische Körperhaltung. Gut, dann geh doch! Wenn's dir nicht passt, überhaupt kein Problem! Mach Platz für die nächsten! Die, die hier gern am Tresen sitzen wollen. Das macht Spaß, dass man so einen Austausch hat. Dass man weiß, dass man nicht alleine auf der Welt ist. Wir sind schließlich keine Einsiedler. Wenn wir das wären, würden wir woanders leben.

„DIE KUNST BESTEHT FÜR MICH IM WEG-LASSEN."

U. M.: **Das stimmt.**

STORMY: Obwohl, das auch nicht. Denn egal, wo ich dann leben würde, würde ich wahrscheinlich wieder eine Kneipe aufmachen. Oder eine Strandbar. Oder mindestens einen Grill.

U. M.: **Und hast du zum guten Ende noch dein ganz individuelles Credo für uns parat?**

STORMY: Die Kunst besteht für mich im Weglassen. Dass die Wände unverputzt sind. Dass mein Essen nicht aus Chemie besteht. Dass ein Gericht niemals mehr als fünf Zutaten hat. ●

„ES IST AUCH EINE KUNST, EIN GAST ZU SEIN."

KULT-WIRT **FRANCO** <u>CUNEO</u> ÜBER SEINEN ANSPRUCH AN GÄSTE,
ZU DENEN ER AN DEN TISCH KOMMT.

DAS CUNEO GIBT ES SEIT 104 JAHREN. ALS FRANCO CUNEO DEN LADEN 1963 ÜBERNAHM, WAR SEIN VATER GERADE VIEL ZU FRÜH GESTORBEN UND ER KNAPP 20 JAHRE ALT. VIEREINHALB JAHRZEHNTE SPÄTER GEHÖRT DAS CUNEO ZU DEN HAMBURGER RESTAURANT-INSTITUTIONEN ÜBERHAUPT.

ULLI MÜLLER: Das CUNEO wird jetzt von Ihrer Familie in der dritten bzw. vierten Generation geführt. Sie betreiben den Laden seit 1963, in den letzten vier Jahren gemeinsam mit Ihrer Tochter Franca. Bedeutet das, dass es in Ihrer Familie ein Wirte-Gen gibt, das von Generation zu Generation weitervererbt wird?

CUNEO: Ich denke nicht, dass es ein Wirte-Gen in unserer Familie gibt. Für mich war das an einem bestimmten Punkt eine bestimmte Entscheidung. Ich habe das als Chance gesehen, etwas zu verwirklichen, eine Idee. Das hätte nicht unbedingt hier sein müssen. Wenn es ein Gemüseladen gewesen wäre, und ich wäre da reingekommen, weil mein Vater gestorben ist, in der Situation notgedrungen, dann hätte es vielleicht der Gemüseladen werden können. Das musste nicht unbedingt Gastronomie sein, obwohl mir die Gastronomie vielleicht entgegenkommt, weil ich an Menschen interessiert bin. Aber Wirte-Gen? Das ist etwas schwierig.

U. M.: War Ihr Vater auch in erster Linie an Menschen interessiert?

CUNEO: Ja, sicher. Mein Vater war da geradezu perfekt, weil er auch Dinge machte, von denen meine Mutter sagte: „Die bringen nichts ein!" Er besorgte Zeitungen für die Seeleute, hatte Briefmarken, steckte die Post in den Briefkasten, nahm private Pakete an, also alles, was zwar nichts einbrachte, aber doch wieder gut war, weil sich die Leute dadurch wie zu Hause fühlten.

U. M.: Und welche Charaktereigenschaft hat Ihren Vater als Wirt am meisten geprägt?

CUNEO: Ich hab ihn bewundert für seine Großzügigkeit.

U. M.: Wie war er denn im Umgang mit seinen Gästen?

„DAMIT KOMMST DU NICHT WEIT, NIMM MAL LIEBER FÜNFZIG."

CUNEO: Er war in erster Linie darauf bedacht, dass sie sich wohlgefühlt haben. Egal, ob die nur ein Bier getrunken haben. Oder ob die ihn gefragt haben, ob er ihnen zwanzig Mark leihen kann. Dann hat er gesagt: „Damit kommst du sowieso nicht weit, nimm mal lieber fünfzig." Und wir hatten nachher mehrere Armbanduhren, die nichts wert waren, und Pfandgegenstände, die hat er lächelnd weggesteckt. Er war den Menschen sehr zugetan, toll.

U. M.: Wenn man so wie Sie mit zwanzig Jahren unvorbereitet so einen Laden übernimmt, wie macht man das dann? Versucht man, den Vater zu kopieren? Oder hat man ein anderes Konzept, nach dem man vorgeht?

CUNEO: Als ich den Laden '63 übernommen habe, war da gerade ein Umbruch. Die Gäste, die mein Vater hatte, das waren viele Seeleute. Und '63 kamen die Schiffe schon gar nicht mehr so. Das hat sich von alleine so ergeben, dass der Laden einfach leer war. Die paar, die hier noch verkehrten, waren zu alt. Und dadurch war es ein ziemlicher Bruch. Ich hab eigentlich nie daran gedacht, es so zu machen wie mein Vater. Und irgendwann war schon fast der Punkt gekommen, wo ich mit dem Gedanken gespielt habe: Das ist nicht so das Richtige für mich. Ich wollte den Laden ja nie übernehmen. Bis ich eben gedacht habe, dass es eine Chance für mich sei, mir was auszudenken und es dann zu verwirklichen. Ich hab das konkret vor mir gesehen, wie ich es gerne hätte. Das war wie bei einem Bildhauer. Es ist ja auch eine Kunst, etwas zu gestalten.

„ICH WUSSTE, DASS ICH NICHT MEIN VATER WAR."

Ich wollte einfach nur, dass sich die Leute gut unterhalten. Ich hab das vor mir gesehen. Und dann hab ich mir gedacht: Die Leute müssten die Gelegenheit haben, etwas Gutes zu essen. Manche Abende kommt es dem sehr nahe. Und manche Abende ist es sehr weit davon entfernt. Aber schön, dass man überhaupt eine Chance hat, sich was auszudenken und dann daran zu arbeiten, dass es wirklich wird.

U. M.: **So was ist ja auch ein großes Glück …**

CUNEO: Das hab ich mir auch gedacht, warum willst du in einer großen Firma als Nummer 2791 arbeiten, wenn du mit so einer Geschichte was gestalten kannst.

U. M.: **Waren Sie sich eigentlich darüber im Klaren, dass Sie als Wirt ja auch ein Objekt sind, dass Sie von Ihren Gästen in eine Rolle gedrängt werden?**

CUNEO: Darüber war ich mir nicht im Klaren. Aber darüber wurde ich ins Klare gesetzt. Es ist ja zum Teil so, dass sie versuchen, dich zu benutzen. Aber ich bin von Natur aus so gestrickt, dass ich mich dagegen immer gewehrt habe. Es liegt mir nicht, mich benutzen zu lassen.

U. M.: **Sind Sie so erzogen worden? Oder hat sich das so ergeben?**

CUNEO: Das kann schon sein, dass das mit reinspielt. Das weiß man im Nachhinein nie so genau. Aber ich hab mich dagegen doch sehr gewehrt. Obwohl es am Anfang durchaus Abende gab, an denen ich lieber nach Hause gegangen wäre, wenn Bekannte von meinem Vater morgens um drei zum 91. Mal dieselbe Geschichte erzählten. Und ich da immer noch stand. Und mir die Geschichte anhören musste, weil ich ja auch abschließen musste. Das war schon anstrengend. Oder auch, dass die Leute ohne Geld was trinken wollten und mir drohten, mich rauszuschmeißen. Ich hab schon Zeiten miterlebt, die nicht so lustig waren.

U. M.: **Inzwischen hat das CUNEO Kultstatus mit hohem Promifaktor. Ist der Umgang mit den Promis eigentlich immer angenehm?**

CUNEO: Das ist im Grunde genommen ganz einfach. Es ist auch eine Kunst, ein guter Gast zu sein. Man muss es auch wert sein, bedient zu werden.

U. M.: **Beherrschen diese Kunst denn viele?**

CUNEO: Na ja, nicht so viele. Aber es gibt schon einige Leute, bei denen man sagt, der kann das, Gast sein. Aber dieses mit diesen sogenannten Promis, das ist eigentlich schon aus der Tradition unserer Familie so gar nicht gegeben, weil bei uns sonntags abgebrannte Seeleute mit am Tisch saßen, irgendwelche Leute, die zu der Zeit kein Geld hatten, das war Tradition. Bei uns wurde in der Küche gegessen, an einem Tisch für 14 Personen. Da legte meine Groß-mutter großen Wert drauf. Wir durften machen, was wir wollten. Aber sonntags mittags mussten wir antreten zum Essen. Wir durften sogar eine Freundin mitbringen, aber wir muss-ten sonntags da sein. Das war ja aber auch gleichzeitig eine Zufluchtsstätte. Wenn man was ausgefressen hatte … Und meine Mutter war auch eine sehr starke Person hier im Laden. Die hatte den Ruf, dass sie unglaublich gerecht war. Bei den Italienern gab es Fabrikan-ten, Arbeiter, Angestellte und Leute, die auf dem Dom Ballons verkauften. Für meine Mutter waren die alle gleich. Da wurde der rausgeschmissen, der besof-fen war, egal ob er Fabrikant war oder keinen Job hatte. Man darf den Promis nun nicht vorwerfen, dass sie Promis sind. Wenn einer nun mal einen guten Job macht und er ist ein bisschen be-kannter, dann muss er ja nicht gleich ein schlechter Mensch sein. Das kann ja auch in Ordnung sein. Das kann man denen ja nicht vorwerfen. Aber man muss damit ganz entspannt umgehen.

„MAN DARF DEN PROMIS NICHT VORWERFEN, DASS SIE PROMIS SIND."

Es ist für mich ganz einfach: Wenn ich jemanden nicht mag, dann geh ich da nicht hin. Dann mag er mich auch nicht. Und dann kommt er höchstens zweimal. Das regelt sich von ganz allein.

<u>U. M.:</u> **Ich hab hier ein Zitat von Ihnen, von dem ich hoffe, dass es stimmt: „Ich bin stolz darauf, dass es nicht nur fröhliche Nächte gegeben hat, sondern auch Tränen." Haben Sie diese emotionalen Ausbrüche gefördert …**

<u>CUNEO:</u> … nee, nee, nee …

<u>U. M.:</u> **… gefordert …**

<u>CUNEO:</u> … nö, nö, nö …

<u>U. M.:</u> **… oder haben die hier einfach so stattgefunden? Und gehörte das auch mit zu Ihrer Vision, wie es hier sein soll?**

<u>CUNEO:</u> Nicht unbedingt. Ich habe ja nicht sooo viele Freunde. Aber für die wenigen ist diese Umgebung, dieses Ambiente schon mehr als ein Gasthaus oder eine Trattoria oder ein Ristorante oder was Sie wollen. Für die ist es mehr, weil sie hier wichtige Menschen getrof-fen haben, wichtige Gespräche geführt haben, und dann können sie hier manchmal, wenn sie traurig sind, dann kann hier der Moment kommen, wo sie Gefühle zeigen können, echte Ge-fühle, nicht nur gespielte, die kennen wir ja auch. Man darf das auch nicht überbewerten, so was wie hier, denn ich bin der Meinung, viele schauspielern auch. Wenn sie hier reinkommen, spielen sie eine ganz andere Rolle. Manche meinen, was darstellen zu müssen. Aber ich ver-

such immer, das rauszunehmen, dass man was darstellen muss. Ich frag auch nicht, was die machen. Wenn der in Ordnung ist, ist der in Ordnung.

U. M.: **Es heißt auch, dass hier nach Mitternacht manchmal die Masken des Alltags fallen. Passiert das, weil dann genug Alkohol im Spiel ist? Oder weil Sie jemanden demaskieren wollen?**

CUNEO: Es gab eine Zeit, wo hier nach Mitternacht eine schöne Stimmung war, so eine Periode, aber ich weiß nicht, ob das jetzt demaskierend ist. Es kann auch sein, dass die Leute einfach nur mal in eine andere Rolle schlüpfen wollten, einfach nur lustig sein, dass die das genießen wollten.

U. M.: **Was halten Sie von der These, dass Wirte mindestens so wichtig für unsere Gesellschaft sind wie Psychiater und Psychologen?**

CUNEO: Da ist viel dran an dieser These, weil es auch ein Zufluchtsort ist. Ich weiß von Gästen, die kamen nur, wenn sie traurig oder alleine waren. Einer kam immer nur, wenn er alleine war. Dann kam er rein und schlug die Zeitung auf. Dann wusste ich: Er ist verlassen worden. Er macht jetzt hier sein Wohnzimmer auf.

„EINER KAM IMMER NUR, WENN ER ALLEINE WAR."

U. M.: **Lassen Sie mich noch mal auf etwas zurückkommen: Ihre distanzierte Haltung zur Schickeria, hängt die auch mit Ihrer Sympathie für Revolutionäre zusammen?**

CUNEO: Ich hab mich sehr dafür interessiert, was man für ärmere Schichten machen kann. Da war Nicaragua. Da war Chile. Da waren viele Geschichten. Und ich finde das eigentlich ganz natürlich, dass man sich für die interessiert, denen es nicht so gut geht. Das ist eigentlich doch ein natürliches Gefühl.

U. M.: **Besonders in Zeiten, in denen alle nur gucken, wie Ihr Aktiendepot steht.**

CUNEO: Ach, wissen Sie, wenn Sie in die Sterne gucken, zum Beispiel auf Sizilien, und dann sehen Sie den riesigen Himmel und denken sich: die kleine Welt. Und ich noch viel kleiner. Und von mir Milliarden. Da relativiert sich doch sehr viel.

U. M.: **Da drängt sich die Frage auf: Kann ein Wirt ein weiser Mensch sein?**

CUNEO: Bestimmt. Durch diese jahrelangen Erfahrungen, Leiden, Freuden, Gespräche. Wenn man da genau hinguckt, man muss nur genau hingucken, dann lernt man was davon.

U. M.: **Zu guter Letzt hätte ich gerne noch ein wahres Wort, das Sie als weiser Wirt mit mehr als vierzigjähriger Erfahrung an Ihre Nachfolgerin richten, Ihre Tochter Franca.**

CUNEO: Können Sie haben: Idioten gibt es in jeder Hautfarbe und in jeder Nationalität. Und deshalb muss man immer genau hinhören und darf keine Vorurteile haben. ●

„DU KANNST NICHT JEDEN ABEND DOLCE VITA HABEN."

WILFRIED KOPF ÜBER SEIN ABWECHSLUNGSREICHES LEBEN ALS MAÎTRE DES RESTAURANTS IM <u>HOTEL ATLANTIC</u>.

WILFRIED KOPF IST MAÎTRE DES RESTAURANTS IM ELEGANTEN HOTEL ATLANTIC UND IN DIESER ROLLE EIN MEISTER DER CONTENANCE. WAS NICHT BEDEUTET, DASS ER SEINE EIGENE MEINUNG BEIM DIENSTANTRITT AN DER GARDEROBE ABGIBT. EINE HALTUNG, DIE GÄSTE AUS ALLER WELT MIT RESPEKT UND ZUNEIGUNG HONORIEREN.

ULLI MÜLLER: Herr Kopf, ich habe gelesen, dass Sie über ein sehr, sehr teures Mineralwasser, das bei Ihnen verkauft wird, gesagt haben: „Das ist ein Gag und hat viel mit Show und Entertainment zu tun." Lassen Sie sich von dieser Show, dieser Glitzerwelt, mit der Sie jeden Tag zu tun haben, überhaupt noch beeindrucken?

HERR KOPF: Ich glaube, dagegen ist man nie so ganz gefeit. Wir hatten zum Beispiel eine berühmte Oscarpreisträgerin als Gast. Die war vier oder fünf Tage im Hotel. Meistens inkognito, aber hier und da hat sie auch mal eine kleine Pressekonferenz gegeben. Sie war jeden Tag mittags essen im Restaurant. Sie lebt wirklich extrem gesund. Sie wollte frisch gepresste Gemüsesäfte, pochierten Fisch und, und, und. Aber sie war ein irrsinnig toller, simpler Gast – sehr pflegeleicht auf gut Deutsch gesagt. Sicher, sie hatte auch ihre Wünsche. Am zweiten Tag kam sie rein. Und wie es bei den Amerikanern so üblich ist, wollte sie mich duzen, mit Vornamen ansprechen. Mit dem Schild „Kopf" konnte sie nichts anfangen. „What is your name?" „Wilfried." An ihrem letzten Tag hatte ich dann mittags sehr viel zu tun. Die ganze Fensterreihe war voll besetzt. Ich war ständig unterwegs. Als sie dann die Rechnung bekam, stand sie auf und wartete. Ich war gerade am letzten Ende des Restaurants – aber sie wollte mich sehen. Und das Lustige war: Da saßen lauter Stammgäste, alles Herren, die mich ziemlich gut kennen. Sie war also die einzige Frau. Und sie war sehr glamourös gekleidet, wirklich Hollywood-like. Sie wartete auf mich und wollte sich verabschieden. Mit zwei Küsschen! Also zwei, ja?! Natürlich haben die Gäste das gesehen. Uh, die Oscarpreisträgerin wartet auf einen kleinen Kellner, auf einen Maître. Und sie hat sich wirklich bedankt! Das fand ich schön. Das war so ein Erlebnis, das war toll.

„NACH 20 BIS 30 JAHREN WERDEN GÄSTE FAST GLÄSERN."

U. M.: Und welche Rolle spielt Ihre Persönlichkeit sonst für die Gäste in dieser Glamourwelt?

HERR KOPF: Es ist doch so, dass wir im Restaurant, in der Bar, in der Kneipe als Wirt immer zuallererst mit Menschen zu tun haben. Wie der Psychologe. Das brauchst du nicht studiert zu haben. Ich kann Charaktere mittlerweile sehr schnell sehr gut beurteilen. Nach 20, 30 Jahren im Beruf werden die Gäste fast gläsern. Ich glaube, wir wissen teilweise sogar mehr als die Familie. Nicht als die nähere Familie, aber mehr als die Verwandtschaft. Weil die uns Dinge anvertrauen: „Wow!" Ich will nicht wissen, was ein Wirt alles über einen Gast weiß, der sich bei ihm ausheult. Der alles mit ihm teilt. Freuden, Leid, was auch immer. Das macht unseren Beruf so spannend. Und man lernt wirklich Gott und die Welt kennen. Viele Namen behält man, weil die öfter wiederkommen. Andere hat man schon mal gesehen, weiß aber den

Namen nicht mehr. Dann läuft man zum Empfang oder zum Concièrge und fragt, wie der heißt. Dann kann man den begrüßen, als wäre er gestern erst hier gewesen. Der war aber zuletzt letztes Jahr hier. Es gibt eben ein perfektes Zusammenspiel. Und das ist auch nötig. Denn dieses ist eine riesige Bühne, wir sind Teil der Darsteller, und das ist eine große Choreografie. Wir haben schließlich mit Menschen zu tun.

U. M.: **Und welchen Einfluss haben Ihre Gäste auf diese Inszenierung?**

HERR KOPF: Einen großen. Nehmen Sie zum Beispiel einen Menschen, der schlechte Laune hat. Das kommt auch mal vor. Und das ist auch nichts Böses. Vielleicht ist er ja sogar schlecht drauf, weil er gerade auf Reisen ist, nicht zu Hause sein kann und sich im Hotel alleine fühlt. Dann liegt es am Barkeeper oder an mir im Restaurant, die aus ihrem Tief wieder rauszuholen und dafür zu sorgen, dass sie wieder happy sind. Da reichen manchmal schon ein paar lockere Sprüche. Oder ein gezielter Trost. Und sehr oft ist es einfach unsere Leichtigkeit, mit der wir dem Gast gegenübertreten. Damit nimmt man vielen den Frust. Und sie haben wieder Spaß am Ganzen.

„DIES IST EINE RIESIGE BÜHNE, UND WIR SIND TEIL DER DAR- STELLER."

U. M.: **Das ist aber bestimmt nur ein kleiner Teil Ihres Repertoires.**

HERR KOPF: Ganz genau. Denn hier ist nun mal kein Tag wie der andere. Kommt zum Beispiel eines Tages ein Gast – das liegt schon Jahre zurück. Gut aussehend, jung, im Anzug. Er nimmt Platz, hat nicht reserviert gehabt. Frage ich: „Aperitif?" Verneint er. Ich bringe ihm die Karte. Er bestellt dann ein Gericht. Vorweg eine klare Suppe. Als ich ihn frage, was er trinken möchte, sagt er: „Eigentlich, am gesündesten ist ein Leitungswasser, kein Alkohol." Wein darf er nicht. Kein Problem. Bei uns ist jeder Gast willkommen, egal, was er wünscht. Er wird genauso bedient wie jeder andere. Er kriegt ein paar Grüße vorweg: Ein kaltes, ein warmes Brot und verschiedene Variationen Butter. Nachdem wir dann die Suppe serviert haben, ruft mich der Gast zum Tisch und sagt: „Herr Ober, das war sehr nett. Und jetzt können Sie die Polizei rufen." Ich sag: „Was?! Die Polizei rufen?" „Ja, ich kann das nicht bezahlen. Ich bin obdachlos. Ich hab alles verloren. Ich hab mir nur noch meinen schönsten Anzug geholt und hab jetzt die Courage, ich möchte einmal im Atlantic ein Gast sein." „Oh, wow!!!", hab ich gesagt. „Jetzt bleiben Sie sitzen. Ich hol nicht die Polizei. Jetzt suchen Sie sich was aus. Darf ich Ihnen ein Rinderfilet oder etwas anderes anbieten. Sie haben sicher Hunger." Und dann hat er ein Rinderfilet gekriegt. Ich hab das gebucht. Ich mach da nichts illegal, schwarz oder so. Aber auf die Rechnung musste ich eine Begründung schreiben. Und dann habe ich die Geschichte eben darauf festgehalten. Von der Direktion und vom Controlling kam nur: „Herr Kopf, sind Sie wahnsinnig?" Die haben das aber letztlich als gut empfunden. Das hätte, glaube ich, jeder Mitarbeiter von uns genauso gemacht. Dann hab ich ihn gefragt, und er hat ein bisschen von seinem Schicksal erzählt. Das kann jedem passieren, aber das ist mir schon sehr nahegegangen.

U. M.: **Schauspielern Sie auch manchmal? Also im Umgang mit den Gästen?**

HERR KOPF: Nein, wir sagen dem Gast die Wahrheit. Das ist eine absolute Grundregel. Das merkt der Gast. Absolut. Man kann sich nicht verstellen und muss ehrlich rüberkommen. Das ist das A und O. Darum schenken uns die Menschen ja auch ihr Vertrauen. Aber im Grunde kann ja alles eine Wahrheit sein. Es gibt natürlich auch viele Stories. Und vielleicht hört man hier auch manchmal die eine oder andere Anekdote. Aber das, was ich erzähle, ist immer die Wahrheit. So wie zum Beispiel dieses: Es ist Sommer, zig Jahre her, eine Affenhitze. Da kommt eine Dame, groß, schick, um die 40, schmeißt den Autoschlüssel von ihrem Porsche-Cabrio auf

„MANCHMAL IST ES BESSER, WENN MAN NICHT ZU VIEL WEISS."

den Tresen und sagt, sie gehe ins Atrium. Das war am frühen Abend, und draußen wurde diniert. Sie trug ein Sommerkleidchen und ging zum Springbrunnen. Die Frau dreht also ihre Runde, hat die Aufmerksamkeit der Gäste, weil sie sehr attraktiv ist. Als sie dann vor dem Brunnen steht, macht sie so mit ihren Highheels und steht plötzlich fast nackt da. Sie steigt ins Wasser – und singt. Und das Interessante war die Reaktion. Das ist Hamburg. Die Gäste wollten das ignorieren. Schließlich passt das ja nicht zum ATLANTIC. Irgendwie ist ihnen das peinlich. Ist ja logisch, wenn die Frau sich plötzlich auszieht und da rein steigt. Aber die hat völlig unbeeindruckt weiter geträllert, wie die Netrebko. Sie hat wirklich toll

gesungen. Der Barkeeper rief: „Gehen Sie da raus!" und nahm sie am Arm. Dabei rutschte er aus und landet mit ihr im Wasser. Das war ein Gelächter und Applaus.

U. M.: **Klingt für mich nach einem amüsanten Arbeitstag. Aber als Wirt, Barkeeper oder auch Maître erlebt man bestimmt auch die eine oder andere Tragödie …**

HERR KOPF: Die Wahrheit ist: Wir haben hier ja sehr viel mit Wirtschaftsleuten zu tun. Wenn man ein bisschen in den Wirtschaftsmagazinen liest, erfährt man vieles über Unternehmen und die wichtigsten Personen. Wenn sich die Vorstände dann hier als Gast so geben, wie sie sind oder sein können, dann fragt man sich schon, ob die sich so auch im Geschäftsleben geben. Das ist schon interessant. Und dann erlebt man nach einigen Jahren manchmal auch den Absturz solcher Leute. Es hat einige Herren gegeben, die hier auf großem Fuß leben konnten und durften. Die waren große Gastgeber. Und plötzlich gab es einen großen Umschwung, das hatte nichts mit der Krise zu tun, und die landeten wieder in der Wirklichkeit. Extrem. Manchmal ist es besser, wenn man nicht zu viel weiß.

U. M.: **In diesem Beruf schaut man also auch in Abgründe?**

HERR KOPF: Du kannst nicht jeden Abend Dolce Vita haben. Aber ich hab kein Problem mit Gästen. Auch nicht, wenn sie einen schlechten Tag haben und forsch sind. Die werden so weichgeklopft auf die nette und freundliche Art, dass die nachher fröhlich und gut gelaunt wieder rausgehen.

U. M.: **Und das klappt immer?**

HERR KOPF: Ich habe einen Gast gehabt, der hat meine Mitarbeiter schikaniert bis zum Gehtnichtmehr. Unter anderem einen Oberkellner. Der war über 30 Jahre hier und hoch angesehen.

Und der Gast hat ihn und die Mädchen fertiggemacht. Dabei waren die wirklich gut. Da bin ich hin und hab mit ihm gesprochen. Ein Big Boss, immer sehr cholerisch, hat jeden diskriminiert. Wenn er mit dem Finger schnippt, hat das zu funktionieren. Aber das ist eben nicht so. Wir müssen zwar wirklich immer die Contenance bewahren. Auch wenn der am Tisch sitzt und nur nörgelt. Aber glauben Sie mir, den kriege ich so weit, dass der rausgeht und denkt, das sind ja auch nur Menschen. Ich hab so viel mit Menschen zu tun. Ich kann – und das hat nichts mit Arroganz zu tun – kaum einen nennen, der sagen würde: „Der Kopf, der hat mich schlecht behandelt." Der richtige Umgang mit den Gästen hat ein bisschen was mit Psychologie zu tun. Ich glaube, das lernt man im Laufe der Jahre.

U. M.: **Immer ein Lächeln auf dem Gesicht? Klingt ein bisschen nach „Schöner neuer Welt" …**

HERR KOPF: Es gibt natürlich auch Situationen, in denen das nicht funktioniert. Einmal, da habe ich im Restaurant Taschendiebe gehabt. Es wird halt auch geklaut im Hotel. Aber das war eine Story für sich. Wahnsinn! Die kommen rein in tollen Anzügen, tragen tolle Krawatten, wirklich chic, sehr gut aussehend. Die drehen ihre Runde im Restaurant, wobei mir auffällt, dass der eine das Bein etwas nachzieht. Dann verschwinden sie wieder. Fünf Minuten später meldet sich eine Dame und sagt, dass ihre Handtasche weg sei. Und da war viel Geld drin. Die Diebe sind uns zunächst entkommen. Spurlos verschwunden. Einen Monat später stehen hier wieder zwei Herren, sprechen diesmal Englisch. Und als ich sehe, wie der die Runde dreht, denke ich mir: „Der hinkt doch. Sind das nicht die beiden, die schon mal da waren?" Als die rauskamen, habe ich sie gefragt: „Did you find the guest?" „No." „Maybe in the lobby?" Er wusste nicht Bescheid. Und wir waren uns näher. Ich hab gekocht innerlich. Ich hab gewusst: „Das ist er!" Und als der merkt, dass ich realisiert habe, dass er schon mal hier war, stößt er mich weg. Ich schreie: „Alarm! Polizei! Haltet den Dieb!"

U. M.: **Erlauben Sie mir zum Schluss noch eine Frage. Wie interpretieren Sie es eigentlich, dass Gäste den meisten Wirten gegenüber so offen sind?**

HERR KOPF: Also, was ich feststelle in unserer Gesellschaft: Es tritt eine gewisse Einsamkeit ein. Bei sehr vielen Leuten und gerade im gehobenen Hotelbereich. Die suchen dann wirklich Kontakt und beneiden mich ein wenig, dass ich so jung bin. Da entstehen dann Freundschaften, und man lernt sich sehr, sehr genau kennen. Mich interessieren einfach die Biografien dieser Menschen. Wenn die Gäste jahrelang zu uns kommen, erfährt man sehr viel. Man lernt sehr viel über das Schicksal der Menschen.

U. M.: **Und Ihre letzte Weisheit für heute?**

HERR KOPF: Bei uns ist viel Image, viel Prestige, viel Status. Aber Frauen kannst du mit nichts auf's Glatteis führen. Wenn du denen einen Grand Cru in die Hand drückst oder einen Top Wein, die gehen unvoreingenommen da ran. Die sind einfach ehrlicher!

U. M.: **Wenn Sie es sagen, soll es so sein, Herr Kopf. ●**

„FRAUEN KANNST DU NICHT AUF'S GLATTEIS FÜHREN."

„WEISHEIT IST KEINE MARMELADE, DIE MAN MIT LÖFFELN ESSEN KANN."

SAID ABOU-CHABAB VOM <u>BLANKENESE KIEZ INTERNAT</u> ÜBER LERNPROZESSE IN DER KNEIPE, DIE MANCHMAL JAHRE DAUERN KÖNNEN.

SAID ABOU-CHABAB, JAHRGANG 70, GEHÖRT ZU DENEN, DIE MIT STOLZ VON SICH BEHAUPTEN, SIE HÄTTEN DIE KULTUR AUF DEN KIEZ ZURÜCKGEBRACHT. ER BETREIBT ZUR ZEIT IN EINEM WELTBERÜHMTEN HAUS AUF DER GROSSEN FREIHEIT EINEN CLUB, DESSEN NAME SICH ALLEIN SCHON WIE EIN WEISES WORT ANHÖRT: BLANKENESE KIEZ INTERNAT.

SAID: Ja, also, Blankenese ist ja bekannt für das Vornehme. Kiez ist bekannt für das Verruchte. Und Internat ist bekannt für das Elitäre. Und für mich war es immer wichtig, das Vornehme, das Verruchte und das Elitäre zusammenzubringen. Denn der vornehme Mensch hat ohne den Verruchten nicht so viel Spaß am Feiern. Und der Verruchte ohne den Vornehmen auch nicht. Das Vornehme kann nicht ohne Sünde existieren – und umgekehrt ist es natürlich genauso. Und der Elitäre, der Allwissende, der ein bisschen weiter vorne steht, der muss auch dabei sein.

ULLI MÜLLER: **Das hört sich plausibel an, aber nicht unbedingt nach der Großen Freiheit.**

SAID: Die Große Freiheit ist, was bedauerlicherweise viele gar nicht wissen, eine kulturell historische Straße. In dieser Straße sind viele berühmte Menschen gewesen und groß geworden. Selbst die Beatles, denen man hier ein Denkmal verpasst hat, mit dem Star Club und dem Indra damals, egal, alle waren hier, Prince hat Privatkonzerte im Kaiserkeller gegeben …

U. M.: **Ja, und hier im Haus war ja früher das Hippodrom, die weltberühmte Große Freiheit Nummer 7.**

SAID: Ja, das war mal das Haus von Hans Albers.

U. M.: **Das BLANKENESE KIEZ INTERNAT als Nachfolger vom Hippodrom. Ich find den Namen sehr clever, sehr konzeptionell durchdacht.**

SAID: Sicherlich ist da ein Konzept dahinter, das ist nicht halt- oder konzeptlos dahergeholt. Bevor ich Gastronomie gemacht habe, habe ich ausschließlich nur Kultur gemacht, für die Stadt Hamburg. Jahrelang habe ich auf Kampnagel gearbeitet, habe dort künstlerische Beratung gemacht und war beteiligt an der Ausrichtung von internationalen Kulturfestivals.

U. M.: **Und wie bist du von da im Nachtleben gelandet?**

SAID: Ich hatte eine ziemlich umstrittene Produktion auf Kampnagel: „Shoppen und ficken". Ein sehr dramatisches, sehr melancholisches und sehr hartes Theaterstück, in dem es um Kindesmissbrauch, Homosexualität und das Königshaus in England geht. Nach dem letzten Abend der Theatervorstellung auf Kampnagel war die ganze Mannschaft sehr traurig. Dann habe ich zu denen gesagt: „Ok, Jungs, wir haben sehr viel Geld bezahlt für die Kulisse unseres Theaterstückes, um Nachtleben herzustellen. Wieso können wir das nicht authentisch spielen, in einem echten Nachtclub??? Ich habe hier die Schlüssel von einem Club in der Großen Freiheit, da können wir hingehen und uns das mal angucken." Ja, da sind wir dann Heiligabend '97 hingefahren. Wir kommen so rein in den Laden, ähnlich wie hier, mit so einer kleinen Bühne, und das war das ehemalige Colibri. Und alle Leute haben geschrien: „Wow, Said, du bist ja ein Genie! Genau, hier machen wir das!" Und so haben wir einfach das Theater hier zum Kiez verlegt.

„WOW, SAID, DU BIST JA EIN GENIE."

U. M.: **So viel zu deinem Start ins Nachtleben.**

SAID: Ich wollte von Anfang an hochwertige Kultur in diese Straße bringen. Und das ist mir gelungen. Ich habe hier vier Staffeln dieses Theaterstücks gespielt, jedes Mal 24 Spieltage. Dieses interaktive Theater, das Publikum einzubinden in das Theater. Das war neu bis hierhin. Das hatte vorher nur Shakespeare gemacht. Es war nachher so, dass diese Theaterproduktion Pflicht war für die Gymnasiasten …

U. M.: **… aus Blankenese …**

SAID: … von überall, ja. Also, wie Schindlers Liste war das Pflicht für die Gymnasiasten, sich dieses Theaterstück anzugucken, um zu sehen, dass Drogen und Alkoholmissbrauch die Menschen aus ihrer Umlaufbahn bringen.

U. M.: **Womit wir jetzt wieder bei deinem Club sind.**

SAID: Genau.

U. M.: **Das BLANKENESE KIEZ INTERNAT ist ja nicht dein erster Laden hier auf'm Kiez. Du hast mehrere andere gemacht, die alle eines gemeinsam haben: Sie waren schwer erfolgreich.**

SAID: Ja, also ganz am Anfang stand das „Orange", das heutige „Funky Pussy". Das „Orange" war damals schon ein Club für Musik, die heute angesagt ist. Im Orange haben wir damals mit dieser ganzen elektronischen Musikrichtung angefangen, mit Acid Jazz, New Jazz, mit Deep House, mit elektronischer Musik. Ich habe Künstler aus der ganzen Welt dagehabt, die dahin gekommen sind und dort performt haben.

„DAS HATTE VORHER NUR SHAKESPEARE GEMACHT."

U. M.: **Wie hat denn das alteingesessene Kiez-Establishment darauf reagiert? Das waren ja neue Konzepte für einen Kiezclub.**

SAID: Ja, das befruchtet sich ja immer gegenseitig, weil ich ja neues Publikum in diese Straße geholt habe.

U. M.: **Aber trotzdem ist das ja hier zum Glück tiefster Kiez geblieben, auch mit allem Ekligen und Peinlichen, was der Kiez so an sich hat.**

SAID: Na klar. Aber der Hamburger weiß nicht, dass diese Straße hier, ungefähr 150 Meter lang, die meistbewachte Straße der Welt ist …

U. M.: **… was mich für dich freut …**

SAID: … nirgendwo in Hamburg ist der Bürger so sicher wie in der Großen Freiheit …

U. M.: **… ist ja auch voll ausgeleuchtet inzwischen …**

SAID: … mit Kameras, mit Polizei. Wir haben die höchste Polizeidichte der Welt, am Freitag und Samstag.

U. M.: **Hört sich erst mal gar nicht so angenehm an.**

SAID: Aber das ist die absolute Sicherheit.

U. M.: **Für wen?**

SAID: Der Gast, der Besucher hier, braucht echt nichts zu befürchten. Es passiert nix. Weil die Leute hier nicht rauskönnen. Weder links, noch rechts. Hier sind Krawallmacher und

Attentäter in einer Sackgasse, in einem Kessel. Selbst die Große Freiheit hat ihre Grenzen. Am Ende der Großen Freiheit steht die Polizei, am Anfang der Großen Freiheit steht die Polizei, in der Großen Freiheit laufen etwa hundert Polizisten, in Zivil und in Uniform.

U. M.: **... und noch mal hundert Türsteher ...**

SAID: ... genau, und mindestens noch mal hundert Türsteher. Da kommst du nicht raus.

U. M.: **Und es ist ja auch bekannt, dass ihr gut zusammenhaltet hier.**

SAID: Das ist sehr bekannt ...

U. M.: **... das ist auch wichtig, oder ...**

SAID: ... wenn ein Mensch hier irgendwo was verbrochen hat, wird er es niemals schaffen, mehr als zehn Meter wegzulaufen, dann wird er von anderen Türstehern gestoppt und fest-gehalten und der Polizei übergeben. Alle Leute, die hier ihre Geschäfte haben, also die ganzen Türsteher, arbeiten sehr gerne mit der Polizei und kooperieren mit der Polizei und helfen auch der Polizei.

„DIE KÖNNTEN NATÜRLICH AUCH IN ANDERE LÄDEN GEHEN, WO ALLES AUS GOLD IST, GLÄNZT USW. WOLLEN DIE ABER NICHT."

U. M.: **Der Türsteher, dein Freund und Helfer.**

SAID: Ganz genau. Ja, so läuft das eigent-lich hier in der Straße.

U. M.: **Bitte sag noch mal ein Wort zu deinen Gästen.**

SAID: Persönlich hat mich sehr gefreut, dass ich mit meiner musikalischen Auswahl Leute aus Zürich, aus Stuttgart, aus Bayern nach Hamburg lotsen kann, um sich diese künstlerische Darbietung hier anzugucken. Und das Publikum hier ist wirklich bewundernswert. Ich staune auch. Ich habe zum Beispiel einen Gast, der kommt zweimal im Monat, extra geflogen aus Spanien, nur um bestimmte Künstler hier zu sehen, zu erleben. Und dann ruft er immer vorher an: „Du, Said, ich bin dann am Samstag da, hast du genug Champagner im Haus?" Ja, und dann kommt er, feiert mit seinen Leuten, und dann bis zum nächsten Mal. Die Leute kommen ganz gezielt. Die könnten natürlich auch in andere Lä-den gehen, wo alles aus Gold ist, glänzt usw. Wollen die aber nicht.

U. M.: **Du hast aber doch auch viele Hamburger Stammgäste. Leute, die du schon ewig kennst, oder junge Leute, die dich kennen. Wie nah kommst du eigentlich an die ran, oder die an dich?**

SAID: Du bist natürlich so als Gastwirt oder als Gastronom oder als Gastgeber oder Herr des Hauses, wie man das auch nennen möchte, wie ein Kummerkasten. Die Leute finden irgend-wann zu dir Vertrauen, die lernen dich so kennen, und dann mit der Häufigkeit der Besuche baut sich so eine gewisse Freundschaft, familiäre Atmosphäre auf. Und dann vertrauen sich die Leute, suchen das Gespräch, suchen jemanden, der ihnen zuhört. Suchen jemanden, der ihnen vielleicht einen Rat gibt. Neulich hat mich zum Beispiel so ein Mädchen an einem Sonntagnachmittag aus dem Schlaf geholt und mich um Rat gefragt: Was soll sie machen, sie ist schwanger, und das geht nicht, die Eltern würden ausflippen, sie gehört zu einer anderen

Religion, die das nicht erlaubt, und ob ich ihr einen Rat geben kann. Ich gebe dann einen Rat nach meinem Ermessen. Ich sage, was ich meine, was sinnvoll wäre und der Person mehr Frieden im Leben bringt. Bei diesem Mädchen habe ich das genauso gemacht. Ja, und das hat dann geklappt. Das Mädchen war letzte Woche da und ist dankbar.

U. M.: **Das glaube ich. Aber es erstaunt mich auch. Weil das BKI ja nun keine Eckkneipe ist.**

SAID: Viele Leute wissen natürlich auch nicht, wer ich bin. Die kommen dann zu mir und streicheln mir meine Wange oder meine Hand und sagen: „Arbeitest du auch hier?" Ich sag: „Ja." „Was machst du denn? Bist du Türsteher?" Ich sag: „Ja." Manchmal sehen sie mich dann hier, „Ach so, du bist auch der Abräumer?" Ich sag: „Ja." Und irgendwann kriegen sie mit, dass ich der Chef bin, und denen ist das dann unangenehm, weil sie mich vorher als Abräumer oder Türsteher deklariert haben. Ich sag: „Nee, nee, alles is gut." Und diese Bescheidenheit, die man dem Gast vermittelt, die schafft immer Bindung und Vertrauen. Und daher kommt der Gast und öffnet sich irgendwann und erzählt mir aus seinem Privatleben. Und so entstehen dann Bekanntschaften und Freundschaften.

U. M.: **Wenn die Bescheidenheit auf das Elitäre trifft, geht das also gut aus auf der Großen Freiheit.**

SAID: Also, mit deiner Bescheidenheit erschlägst du die Leute. Du gibst ihnen keine Angriffsfläche, keine Angriffsmöglichkeiten.

U. M.: **Du machst also nicht mit beim „Wettposen".**

SAID: Nee, nee.

U. M.: **Denn wenn man um die Wette „post", dann kommt es schnell zu Aggressionen. Wenn man das aber an sich abprallen lässt …**

SAID: … die sind eigentlich alle ganz, ganz nette Leute, ganz friedliche Leute.

U. M.: **Gut. Aber ab einem bestimmten Pegel wird das dann mit dem Benehmen auch schon ein bisschen dünner, oder nicht?**

SAID: Bis jetzt habe ich damit hier keine Probleme.

U. M.: **Dann werde ich meine Kinder demnächst auch in dein Internat schicken.**

SAID: Ja, sehr gerne.

U. M.: **Weil das BKI offensichtlich eine gute Wirkung auf Menschen hat. Glaubst du eigentlich, dass ein Wirt weise sein kann?**

SAID: Ich denke, dass die Wirte vom Kiez Geschichte gemacht und Geschichten zu erzählen haben. Und die sind sehr weise. Natürlich ist Weisheit keine Marmelade, die man so mit dem Löffel löffeln kann. Die muss man gemacht haben. Die muss man erlebt haben.

U. M.: **Vielen Dank, Said.**

SAID: Habe ich gerne gemacht! ●

„MIT DEINER BESCHEIDENHEIT ERSCHLÄGST DU DIE LEUTE."

MEHR IM INTERNET UNTER
WWW.WAHRE-WORTE-WEISER-WIRTE.DE:
MEHR FOTOS, MEHR VIDEOS,
MEHR WAHRE WORTE WEISER WIRTE.

DANKE.

15 JAHRE WAR SIE NUR IN MEINEM KOPF. JETZT GEHT SIE AN DEN START:

DIE ERSTE UND EINZIGE MULTIMEDIALE HOMMAGE AN DEN BERUFSSTAND DER GASTRONOMEN.

OHNE GELA HÄTTEN SICH DIE TÜREN ZU UNSEREN PROTAGONISTEN NIE GEÖFFNET.

OHNE SELINA UND MO WÄREN WIR VERPLANTER DURCH DIE GEGEND GELAUFEN UND NOCH LANGE NICHT FERTIG.

OHNE ANNA & BENNE SÄHE ALLES NICHT HALB SO GUT AUS.

OHNE KERSTIN WÄREN WIR DÜMMER UNTERWEGS GEWESEN.

OHNE FLO HÄTTE DER TEXT WENIGER SCHLIFF.

OHNE SABINE DIE TYPO WENIGER EXZELLENZ.

OHNE JÖRG GÄB ES KEINE BIBLIOPHILE KOSTBARKEIT.

OHNE STEFFEN HERRMANN ÜBERHAUPT KEIN BUCH.

OHNE DIRK KEIN WAHRE-WORTE-WEISER-WIRTE.DE.

OHNE LENNI UND ROBSON HÄTTEN WIR VIEL WENIGER SPASS GEHABT.

UND GAR KEINE FILME.

KURZ UND GUT: OHNE EUCH WÄRE ALLES NICHTS.

IHR SEID DIE ALLERGRÖSSTEN!

DANKE.

IMPRESSUM

JUNIUS VERLAG GMBH
STRESEMANNSTRASSE 375
22761 HAMBURG
WWW.JUNIUS-VERLAG.DE

© 2010
BY JUNIUS VERLAG GMBH
ALLE RECHTE VORBEHALTEN. DIE RECHTE AN
DEN ABBILDUNGEN LIEGEN BEI MKK GMBH

FOTOS: BENNE OCHS

GESTALTUNG: ANNA-CLEA SKOLUDA
RECHERCHE & TEXTE: KERSTIN SCHAEFER, FLORIAN HAACK
PRODUKTION: PRODUKTIONSBÜRO ROMEY VON MALOTTKY GMBH
REINZEICHNUNG: SABINE KELLER
LITHOGRAFIE: FIRE DEPT INNOVATIVE MEDIENGESTALTUNG &
REPROTECHNIK GMBH
DRUCK: RASCH DRUCKEREI UND VERLAG GMBH & CO. KG, BRAMSCHE
VIDEO: LENNART EGGERS, ROBIN MÜLLER
WAHRE-WORTE-WEISER-WIRTE.DE: DIRK BLEIBOHM
PROJEKTMANAGEMENT: GELA BAUGATZ, SELINA HATJE, MORITZ MÜLLER

HERAUSGEBER & INTERVIEWS: ULLI MÜLLER
EINE PRODUKTION VON MKK GMBH

ISBN 978-3-88506-467-1 (HAMBURG-AUSGABE)
ISBN 978-3-88506-473-2 (ÜBERREGIONALE AUSGABE)
1. AUFLAGE 2010

BIBLIOGRAFISCHE INFORMATION DER DEUTSCHEN NATIONALBIBLIOTHEK:
DIE DEUTSCHE NATIONALBIBLIOTHEK VERZEICHNET DIESE PUBLIKATION IN
DER DEUTSCHEN NATIONALBIBLIOGRAFIE; DETAILLIERTE BIBLIOGRAFISCHE
DATEN SIND IM INTERNET UNTER HTTP://DNB.D-NB.DE ABRUFBAR.